Matthias Blazek

Memoirs of Carl Wippo
– Lebenserinnerungen von Carl Wippo –

Beiträge über die Auswanderung nach Nordamerika
aus dem Königreich Hannover in den Jahren 1846-1852

„Die Eindrücke, die ich auf meinen Reisen von der atlantischen bis zur pazifischen Küste und bei der Besichtigung aller großen Industrie- und Handels-Zentren in mich aufgenommen habe, sind in der Hauptsache überwältigend. Man darf wirklich von einer »gigantischen Stärke« der Nation sprechen."

Im 19. Jahrhundert erschien Amerika vielen Deutschen als „Land der unbegrenzten Möglichkeiten". Den Begriff selbst prägte der aus Tarnowitz (Oberschlesien) stammende jüdische Bankier und Industrielle Ludwig Max Goldberger (1848-1913) in einem Reisebericht. Der Titel des Buches lautete entsprechend „Das Land der unbegrenzten Möglichkeiten – Beobachtungen über das Wirtschaftsleben der Vereinigten Staaten von Amerika", es erschien im Verlag F. Fontane & Co., Berlin-Leipzig 1903.

Matthias Blazek

MEMOIRS OF CARL WIPPO
– LEBENSERINNERUNGEN VON CARL WIPPO –

Beiträge über die Auswanderung nach Nordamerika
aus dem Königreich Hannover in den Jahren 1846-1852

ibidem-Verlag
Stuttgart

Bibliografische Information der Deutschen Nationalbibliothek
Die Deutsche Nationalbibliothek verzeichnet diese Publikation in der Deutschen Nationalbibliografie; detaillierte bibliografische Daten sind im Internet über http://dnb.d-nb.de abrufbar.

Bibliographic information published by the Deutsche Nationalbibliothek
Die Deutsche Nationalbibliothek lists this publication in the Deutsche Nationalbibliografie; detailed bibliographic data are available in the Internet at http://dnb.d-nb.de.

Fotos auf dem Umschlag: Carl Wippo (1827-1898), kolorierte Postkarte der Müggenburg südlich von Celle um 1905, das Post-Dampfschiff „Washington" 1847 vor New York, der Standort der Müggenburg heute (April 2016), Vogelperspektive von Chicago, wie es vor dem Großen Brand von 1871 war. Aus Harper's Weekly (1825-1916), 21. Oktober 1871, S. 984/85. Sammlung und Repro: Blazek

Umschlaggestaltung: Josefine Rudolf

Bildbearbeitung und Satz: Matthias Blazek

Lektorat: Eckhard Gruen

∞

Gedruckt auf alterungsbeständigem, säurefreien Papier
Printed on acid-free paper

ISBN-13: 978-3-8382-1027-8

© *ibidem*-Verlag
Stuttgart 2016

Alle Rechte vorbehalten

Das Werk einschließlich aller seiner Teile ist urheberrechtlich geschützt. Jede Verwertung außerhalb der engen Grenzen des Urheberrechtsgesetzes ist ohne Zustimmung des Verlages unzulässig und strafbar. Dies gilt insbesondere für Vervielfältigungen, Übersetzungen, Mikroverfilmungen und elektronische Speicherformen sowie die Einspeicherung und Verarbeitung in elektronischen Systemen.

All rights reserved. No part of this publication may be reproduced, stored in or introduced into a retrieval system, or transmitted, in any form, or by any means (electronic, mechanical, photocopying, recording or otherwise) without the prior written permission of the publisher. Any person who does any unauthorized act in relation to this publication may be liable to criminal prosecution and civil claims for damages.

Printed in the EU

Vorwort

Niedergeschriebene Lebenserinnerungen sind keine Selbstverständlichkeit. Schon gar nicht von deutschen Arbeitern im 19. Jahrhundert. Carl Wippo (1827-1898) war Sattler, Eisenbahnbauarbeiter, später Polsterer – und er war unsterblich verliebt. Sein Auswandern nach Amerika hätte zur Folge haben müssen, dass die Gedanken an seine Angebetete verblassen. Gefehlt! „Man sieht sich immer zweimal im Leben." Dieser Spruch, der dem Schicksal eng verhaftet ist, sollte sich bei Wippo bewahrheiten. Aus kleinen Hoffnungsschimmern, langen Reisen, dem Mitwirken des sozialen Umfeldes und weiterer Komponenten entwickelte sich schließlich eine erfüllte Lovestory, die im Königreich Hannover begann und ihr glückliches Ende in Chicago finden sollte.

Das Ende der Memoiren ist offen. Dafür sind es heute die Nachkommen von Carl Wippo in den Vereinigten Staaten von Amerika, die die Erinnerungen von Generation zu Generation weitergeben.

Die Nachkommen fanden schließlich im Jahr 2015 den Weg zum Verfasser dieses Werkes, der ihnen mit mancherlei Informationen weiterhelfen konnte. Charles Bowman, der mit seiner Frau Linda aus Florida/USA angereist war, war insbesondere interessiert an dem Ort, wo Dorette Wippo als Mädchen gelebt hatte, dem Vorwerk Müggenburg an der Kreisgrenze zwischen Celle und Hannover.

Doch die Gebäude und die Gärten der „Müggenburg", dem Sehnsuchtsort Carl Wippos, wo er und Dorette heimlich die ersten Liebesschwüre tauschten und von wo er in die Fremde aufbrach, existieren nicht mehr. Zwar wurden die Gebäude nach einem Brand (1921) vollständig neu errichtet, doch 1965 wurden das Wohnhaus mit der Gastwirtschaft und die Stallgebäude, Jahre später die alte Scheune abgerissen und das Grundstück so eingeebnet, dass außer zwei alten Kastanien so gut wie nichts mehr an diesen historischen Ort erinnert. Die Straßenbaubehörde hat jedoch ihren Plan, über das Grundstück eine Begradigung der alten B3 vorzunehmen, nie realisiert.

Das Nachfolgegebäude „Hotel Müggenburg", 500 Meter entfernt als nüchterner Zweckbau errichtet, vermochte die Atmosphäre der alten „Müggenburg" nicht zu bewahren. Etwas fremd an ihrem Ort, wird sie nun, so die Planung, ein Ort für Fremde, für Flüchtlinge.

Es kommen in Carl Wippos Memoiren einige Dinge zur Sprache, die für ihn insgesamt weniger bedeutsam waren, die aber aus heutiger Sicht einer besonderen Würdigung bedürfen. Die Rede ist von der Frühzeit des hannoverschen Eisenbahnbaus, von einer Rettungsaktion des „Schwarzen Herzogs" Friedrich Wilhelm von Braunschweig-Lüneburg-Oels, von der Verwandtschaft zum Pionier des deutschen Feuerwehrwesens Carl Elleke, von der Frühzeit der deutschen Kolonie in Chicago, ja überhaupt der heutigen Riesenmetropole aus der Zeit vor dem großen Brand.

Der Zufall will es, dass die Spurensuche eines weiteren Meyer-Nachfahren, Kázmér Szalay aus Ungarn, nach Adelheidsdorf geführt hat, zeitgleich, aber völlig unabhängig von der Suche der Wippo-Nachfahren.

Die Memoiren Carl Wippos verdienen eine besondere Aufmerksamkeit.

Denn Carl Wippo liefert mit seinen Aufzeichnungen nicht nur detailreiche Einblicke in die sozialen Umwälzungen seiner Zeit, die infolge der einsetzenden Industrialisierung zu einer nicht unerheblichen Auswanderungswelle nach Amerika führen, sondern sie sind auch – und das zum Teil mit einer geradezu poetischen Ausdruckskraft – ein facettenreiches Zeugnis damaliger Lebensformen und Geschlechterbeziehungen. Es ist eine Zeit des Aufbruchs, der Abenteuer, und die Aufzeichnungen des Carl Wippo geben in subtiler Weise auch Kunde von dem Mut, dem Gestaltungswillen, der Solidarität seiner Generation. Und, last not least, sie sind ein berührendes Dokument einer unbedingten Liebe zwischen zwei jungen Menschen, zwischen denen nicht nur das starre Moralkorsett jener Zeiten liegt, sondern irgendwann dann auch der „Große Teich."

Der Verfasser

Zur Textübertragung:

Der Text ist orthographisch unverändert transkribiert worden. Auf Schreibfehler, die auf Fehler bei der Texterfassung hindeuten (grundsätzlich abgesehen von Groß- und Kleinschreibung), wurde mit dem Zusatz „(sic!)" (sīc erat scriptum: „so stand es geschrieben") hingewiesen. Die Groß- und Kleinschreibung spielt in den Memoiren eine eher untergeordnete Rolle, ein Angleichen an die richtige Schreibweise hält der Verfasser nicht für erforderlich. Fast durchgängig beachtete Carl Wippo nicht das Gebot, mit „daß" (heute analog „dass") Objekt-, Subjekt- und Attributsätze einzuleiten. Beispiel: „Wenn es geht, das [richtig: daß, heute dass] der Wind günstig ist, fährt das Schiff in diesen Tagen unter Segel." Anstelle des Eszetts (ß) hat Carl Wippo vielfach den Buchstaben s verwendet (Beispiel: „musten"). „Famielie" schrieb er durchweg so. Der Buchstabe d unterscheidet sich in den Memoiren in der Groß- und Kleinschreibung nicht und wurde bei der Abschrift in der Briefanrede durchweg groß geschrieben. Die buchstabengetreue Transkription erfolgte im Zeitraum September 2015 bis März 2016.

Gliederung

a. Carl Wippo bringt 1864 seine Memoiren zu Papier 10
b. Heinrich Meyer versteckt den Herzog von Braunschweig 15
c. Der Originaltext der Lebenserinnerungen 25
d. Vorwort, Chicago, 1. Januar 1864 25
e. Anfänge des Eisenbahnbaus (1842) 26
f. Familiäres 27
g. Abreise von Peine 27
h. Bau der Eisenbahnbrücken um Celle herum 28
i. Ankunft bei der Müggenburg 29
j. Rettungsaktion im Hôtel d'Hanovre in Celle 31
k. Wirt und Wirtin Schädtler 32
l. Carl Wippo begegnet zum ersten Mal Dorette 33
m. Umzug nach Adelheidsdorf 34
n. Weggang nach Uelzen 36
o. Neuer Arbeitsplatz Bahnhof Wunstorf 37
p. Dorette in Stixe an der Elbe 38
q. Märzrevolution (Deutsche Revolution von 1848/49) 39
r. „Freundlich grüßt Ihre Dorette." 40
s. Pfingsten 1848 unter der großen Linde bei der Müggenburg 42
t. Carls Bruder August ereilt ein tödlicher Hitzschlag 43
u. Carl trifft in Amerika ein 48
v. Marsch nach Chicago 55
w. Die Eltern und Bruder Albert kommen nach 61
x. Vetter Carl Elleke I bietet seine Dienste an 64
y. Dorette kommt nach und beide heiraten 1855 103
z. Nachbar Solomon Wilson stirbt 105

Treffen im Hause Blazek in Adelheidsdorf, 19. September 2015 (von links):
Linda und Charles „Chuck" Bowman, beide aus Florida angereist, Matthias Blazek.
Foto: Blazek

Von einem, der nach Amerika ging

„Memoirs of Carl Wippo"
Lebenserinnerungen von Carl Wippo

„Mit schweren Herzen schieden wir von Celle"

Carl Wippo bringt 1864 seine Memoiren zu Papier

Sattlerfamilie aus Peine arbeitet am Brückenbau in und um Celle mit

- Prolog -

Der aus Peine stammende Carl Wippo (1827-1898), der nach Chicago auswanderte und Dorette Meyer (1827-1876), Tochter des Vorwerkspächters auf der Müggenburg, heiratete, brachte in seiner neuen Heimat seine Erinnerungen zu Papier. Darin geht er auf die frühe Zeit des hannoverschen Eisenbahnbaus ein. Wippo war gemeinsam mit seinem Vater am Eisenbahnbrückenbau in und um Celle, bei Uelzen und an anderen Orten beteiligt gewesen.

Carl Wippo und Dorette Wippo, geb. Meyer, in den 1870er Jahren. Foto: Charles Bowman

Carl Wippo hat Weitsicht bewiesen. Der Eisenbahnbauarbeiter hatte das Königreich Hannover verlassen, um sich in Amerika eine neue Existenz aufzubauen. Seiner Nachwelt hinterließ er seine Erinnerungen in schriftlicher Form, die er am 1. Januar 1864 in Chicago mit einem Geleitwort versah. Er entschuldigte sich beim Leser hinsichtlich Schrift und Form. Was er hinterließ, ist jedoch sehr interessant und lesenswert. Es handelt sich um ein besonderes Zeugnis der frühesten Zeit des hannoverschen Eisenbahnbaus, in dem die Brückenbauten um Celle herum, der vielerwähnte Müggenburger Vorwerkspächter Heinrich Meyer und der Celler Feuerwehrpionier Carl Elleke (1814-1871) eine Rolle spielen.

Das Besondere: Nicht ein „Schreiberling" hat das Erlebte zu Papier gebracht, sondern ein Handwerker. Dazu gehörte eine beachtliche Portion Mut, Wille und Durchhaltevermögen. Carl Wippo brachte all dieses auf.

Am Neujahrstag 1864 leitete Wippo in der US-amerikanischen Großstadt Chicago im Bundesstaat Illinois seine Erinnerungen mit einem Vorwort ein. *„Die Erinnerung an die glückliche Zeit unserer ersten Liebe, die zweimalige spätere Trennung und die schließliche glückliche Vereinigung nach einem Zeitraum von zehn Jahren; machte schon öfter den Entschluß in mir rege, unsere Erlebnisse in eine Erzählung zusammen zu stellen, nicht etwa, um Sie (sic!) Publiciren (sic!) zu lassen, sondern nur zur Erinnerung und Belustigung der eigenen Familie."*

Wippos Memoiren beginnen im Jahr 1842, als im Königreich Hannover der Bau der ersten Eisenbahn einsetzte. Große Hoffnungen seien von manchen Seiten daran geknüpft worden, während von anderen Seiten ebenso viele Befürchtungen und Verwünschungen laut geworden seien. Carl Wippo war damals noch Jugendlicher. Zurückblickend bewertete er die Neuerungen so: *„Wie es denn gewöhnlich der Fall ist, wenn etwas großartiges Neues, alte lang bestandene Gewohnheiten aufhebt, und nichts hat wohl größere Umwälzungen im Bürgerlichen Leben hervorgebracht als eben die Dampfkraft und mit ihr die Eisenbahn."*

Jeder, der sich durch die Eisenbahn beeinträchtigt glaubte, so Wippo weiter, suchte daher den bestmöglichen Vorteil davon zu ziehen und arbeitete an derselben, um später eine der zahllosen Stellen zu bekommen, welche beim Betrieb der Eisenbahn vergeben wurden. So habe man Militärpersonen, verarmten Adel, Gelehrte, Kaufleute, Handwerker, Bauern und Tagelöhner gesehen, die gewöhnlichste Handarbeiten verrichteten und mit anderen an einem Karren zogen, die vielleicht eben eine Arbeits- und Besserungs-Anstalt verlassen hatten. Dabei beobachtete Carl Wippo: *„Gleichsam als habe die alles nivellirende Eisenbahn auch schon die schroffen Abstände der verschiedenen Klassen geebnet. Es war oft traurig genug anzusehen, wenn gebildete aber verarmte Leute, in Gesellschaft von rohen verkommenen Subjecten arbeiten, und deren faule Witze und rohe Scherze anhören mußten, doch das war nun einmal nicht zu ändern, und jeder suchte daher so gut es ging carriere zu machen."*

Altgediente Militärs wurden jedoch nach Wippos Wahrnehmung allen vorgezogen. Sie hätten die besten Stellen erhalten. Auch die anderen hätten ihren Kenntnissen entsprechende Plätze erhalten. *„Nur der Handwerkerstand nicht, er hatte keine Freunde höheren Orts, die ihn empfehlen konnten, er mußte von der Pike herauf dienen, und doch verließen verarmte Handwerker massenweise ihre Werkstätten namentlich in den kleinern Städten, wo sie ohnehin nur ein kägliches Dasein fristeten; um ebenfalls die zwar hä(r)tere aber doch lohnendere Arbeit des Eisenbahnbaues zu verrichten, da auch mancher von ihnen nicht der letzte zu sein hoffte, dem eine Stelle an der Eisenbahn zufallen möge."*

Auch Carl Wippo, sein Bruder August und sein Vater, George Henry Conrad Wippo (1796-1873), hatten damals gedacht, ob es nicht ratsam sei, sich um eine Stelle zu bewerben. In letzter Zeit waren die Geschäfte wohl so still geworden, dass kaum die laufenden Ausgaben gedeckt werden konnten. *„Und wie würde es* *erst noch werden"*, fragte Carl Wippo, *"wenn durch das Dampfroß die vierbeinigen Rosse außer Dienst gesetzt würden, wodurch das Sattler Geschäft bedeutend verlieren mußte".*

Ein Vetter (Cousin) Wippos war als Bauführer angestellt, und wohlwissend, dass das Sattler-Geschäft in Peine ziemlich am Ende war, riet er ihnen, auch zur Eisenbahn zu gehen, denn, so habe er gesagt, jedem von ihnen sei eine Stelle gewiss, dafür werde er schon sorgen. Angesichts dieser in Aussicht stehenden Stellen, welche in mancher Hinsicht Lockendes boten, beschlossen die drei Wippos, dem Rat des Vetters zu folgen. Der Vater war 46 Jahre alt, August und Carl waren 19 und 16 Jahre. Der Vater hatte beiden das Sattlerhandwerk, einen Beruf des lederverarbeitenden Gewerbes, beigebracht, der bereits seit fast zweihundert Jahren in ihrer Familie ausgeübt worden war. Carl Wippo erinnerte sich, dass es daher eine schwer zu beschließende Trennung gewesen sei. *"Mancher sich besser dünkende sah auch wohl gar mit Stolz auf uns herab und wunderte sich, daß auch wir an der Eisenbahn arbeiteten; aber der feste Wille, und die Hoffnung auf künftige bessere Zeiten, ließen alle Strapazen glücklich überwinden, und der Gedanke: ‚Arbeit schändet nicht', ließ uns ruhig unsern einmal eingeschlagenen Weg verfolgen."*

Die Personenzuglokomotive „Ernst August" soll eine der ersten Dampflokomotiven für die Königlich Hannöverschen Staatseisenbahnen der Maschinenfabrik Georg Egestorff in Linden bei Hannover gewesen sein. Sie wurde am 15. Juni 1846 auf der Strecke Lehrte-Hildesheim in Dienst gestellt und war bis 1872 im Einsatz. In dieser Zeit legte sie mehr als 1000 Meilen zurück, was damals lobend erwähnt wurde. Digitale Sammlung Matthias Blazek

Es vergingen beinahe 18 Monate, und die Bahn von Hannover nach Braunschweig war nahezu fertiggestellt, als die Sattler schließlich erfuhren, dass niemand unter 25 oder über 40 Jahren Aussicht auf eine Stelle hatte, und somit niemand von ihnen. Allerdings waren noch weitere Bahnen geplant, und daher war ihnen die Möglichkeit gegeben, sich noch weiter zu bewerben.

Auch sagte ihnen jener Vetter, dass, je länger sie beim Bau angestellt seien, desto bessere Stellen sie später erhalten würden. Das klang überzeugend, und so beschlossen der Vater und die Brüder, das einmal Angefangene weiter zu verfolgen.

Die nächste Bahn, deren Bau anstand, war die Celle-Harburger Bahn, und man orientierte sich daher nach Celle. An einem schönen Augustmorgen im Jahre 1844 verließen die drei Männer Peine, um nach dem sieben Stunden entfernten Celle zu gehen. Carl Wippo erinnerte sich, dass sie angesichts ihrer Veränderung teils wehmütige, teils freudige Gefühle hatten. Wehmütige Gefühle seien es gewesen, weil sie nun das liebe alte Geschäft, welches fast Jahrhunderte in ihrer Familie gewesen war, verlassen wollten, woran sie trotz der schlechten Zeiten doch noch mit großer Liebe hingen und welches sie während der Verfolgung ihrer Pläne, bei der Eisenbahn zu arbeiten, weitergeführt hatten, um sich einen Rückzug offenzuhalten, falls sie bei einer Verteilung der Stellen übergangen werden sollten. Wehmütig auch, weil in Celle verschiedene Verwandte und Freunde wohnten, welche sie nach damaligen und dortigen Begriffen in ihrer „Erniedrigung" als Eisenbahnarbeiter sehen würden. Wehmütig und ängstlich schließlich zugleich, weil sie nicht wussten, ob und welche Beschäftigung sie dort erhalten würden.

Freudige Gefühle waren es aber zuletzt, indem sie wussten, dass ihr Vetter auch dorthin versetzt werden würde, sobald die Arbeiten in Peine beendet sein würden. Auch waren sie ja schon durch denselben mit mehreren anderen Angestellten bekannt gemacht, und so unterlag es doch wohl keinem Zweifel, dass sie ihrem Ziel in Celle um ein Beträchtliches näher rücken würden. Und so kam es denn auch.

Nach kurzer Anwesenheit wurden sie endlich provisorisch angestellt, und zwar Vater und Bruder als Schachtmeister und Carl wegen seiner Jugend zunächst als Hilfsaufseher. Als solche wurden sie dem Brückenbau zugeteilt.

Nun fühlten sie sich sicher, denn jetzt hatten sie zu befehlen statt zu arbeiten. Vier große Brücken, zwei über die Fuhse und zwei über die Aller, wurden unter ziemlich schwierigen Verhältnissen bei Celle gebaut. Trotz der Tausenden von Menschen, welche daran beschäftigt waren, ging der Bau nach Wippos Worten *„doch langsam von statten"*. Dazu kam der Winter, das Jahr näherte sich seinem Ende, und mit den Weihnachtsfeiertagen war starker Frost gekommen, sodass der Bau für die Zeit der strengsten Kälte ausgesetzt wurde. Den drei Wippos war es somit vergönnt, längere Zeit zu Hause sein zu können. Sie reisten daher am 24. Dezember 1844 nach Peine und kehrten in der zweiten Januarwoche des Jahres 1845 wieder nach Celle zurück.

Die Bauarbeiten wurden wieder aufgenommen und ohne erhebliche Unterbrechung so weit gebracht, dass die Fuhse-Brücken im April 1845 schon über dem Niveau des Wassers waren. Und da die Vollendung derselben mehr in den Händen der Maurer und Zimmerleute lag und daher mit weniger Aufsicht vollendet werden konnte, so wurden ein Bauführer und Carl Wippo nach der königlichen Domäne Müggenburg südlich von Celle versetzt, um dort ebenfalls, allerdings kleinere, Brücken zu bauen.

Im Bereich der Müggenburg fand Carl Wippo *„nichts als Heide, Moor, und Sandland"*. Das Hauptgebäude war *„ein altmodisches gewöhnliches Haus, jedoch sehr bequem für Landwirthschaft, und Wirthschaft eingerichtet, mit den* *dazu gehörenden Stallungen und sonstigen Gebäuden versehen, und sehr günstig gelegen. An der andern Seite der Chausee (sic!) gerade gegenüber wohnt auch ein Chausee-Einnehmer, welcher fast der einzige Nachbar der Bewohner der Müggenburg ist, da die Adelheidsdorfer ziemlich weit entfernt sind und die Müggenburger weniger Nachbarschaft mit ihnen unterhalten".*

Der Premier-Lieutenant im Königlich Hannoverschen Ingenieurkorps August Papen (1799-1858) zeichnete auf der 1839 veröffentlichten Karte 41 „Celle" von seinem Topographischen Atlas des Königreichs Hannover und Herzogtums Braunschweig recht präzise die Wege, Ortschaften, Einzelgebäude und Wasserläufe ein. In diesem Bereich halfen die Männer aus der Familie Wippo beim Eisenbahnbrückenbau.
Repro: Matthias Blazek

Pächter Heinrich Meyer, „der dicke Meyer", der seinerzeit als Kellner im Hotel d'Hannovre in Celle dem Herzog von Braunschweig Unterschlupf gewährt hatte, war am 1. Oktober 1844 am Schlagfluss (Schlaganfall) gestorben. Der Ökonom Carl Ludwig (Louis) Schaedtler, der Meyers Tochter Caroline geheiratet hatte, hatte danach die Pachtung übernommen. Mit nicht einmal 50 Jahren war Schaedtler bereits lahm und taub. Und durch die Eisenbahn war der Müggenburg eine Haupterwerbsquelle genommen.

Dorette Meyer, jüngste von sechs Töchtern, am 3. Dezember 1827 auf der Domäne Müggenburg geboren, war Papas Liebling gewesen, sie erfreute sich in ihrer Kindheit des Beinamens „Schottländer", welchen er ihr gegeben hatte. Denn kein Staket, kein Obstbaum war zu hoch, kein Bach zu breit und zu tief für sie, sie hatte stets übermütige Streiche im Sinn. Der Vater kam damit gut klar und zeigte sich als ihr Beschützer. Seinem „Schottländer" durfte niemand ein Haar krümmen.

Des Vaters Tod hatte die Familie unvorbereitet getroffen. Der Vormund der minderjährigen Dorette wird als eigennütziger, habsüchtiger und gefühlloser Mensch beschrieben, der die Vormundschaft zu seinem Vorteil auszubeuten suchte.

In dieser schweren Zeit trafen Carl Wippo und der Bauführer in der Müggenburg ein, um dort ihren Wohnsitz für einige Monate aufzuschlagen. Drei Zimmer wurden gemietet, welche beide gemeinschaftlich bewohnten. Der Wirt, Louis Schaedtler, *„ein äußerst gutmüthiger und gebildeter Mann"*, aber wie erwähnt taub und lahm, war kein besonderer Gesellschafter; auch die Frau, eine tüchtige Wirtin, resolut und infolge der Erkrankung des Mannes das Kommando führend, war wenig gesprächig, da ihr bei der Aufsicht über das große Hauswesen wenig Zeit zum Plaudern übrig blieb.

Carl Wippo, der soeben sein achtzehntes Lebensjahr überschritten hatte, lernte Dorette Meyer kennen, die ihrer Schwester Caroline den Haushalt führen half, und verliebte sich Hals über Kopf in sie. Es war eine Liebe mit Hindernissen, die von langen Auszeiten geprägt waren, am Ende aber doch ein Happy-end erfuhr.

Der Sommer verging, und die Bauten in der Nähe der Müggenburg sollten bald vollendet sein. Ihre nächste Station war über eine Stunde entfernt, und da der Bauführer lahm war und so nahe wie möglich bei den Bauplätzen wohnen musste, beschlossen die beiden Arbeiter, nach Adelheidsdorf überzusiedeln. Carl Wippo: *„Mit blutenden Herzen wurden die Sachen gepackt, und die liebe Müggenburg verlassen; doch hatte ich noch fast täglich einmal unsere noch nicht vollendeten Bauten zu besuchen und benutzte dieses dann ebenfalls zu einem Besuche in Müggenburg."*

Der Winter von 1846 war sehr mild gewesen, fast kein Schnee und kein Eis hatten sich sehen lassen, im Februar blühten die Bäume in vielen Gegenden, und der Brückenbau konnte daher ungestört fortgesetzt werden. Daher waren ihre Bauten früher fertig, als sie im vergangenen Herbst geglaubt hatten. Und mit dem Frühling kam daher auch ihre Versetzung an einen neuen Bauplatz. Dieses Mal aber durchaus nicht nach Wippos Geschmack, denn sie mussten weit in die Lüneburger Heide wandern und dort unweit Uelzen neue Brücken bauen.

Im Spätherbst waren ihre Bauten fertig, und sie hatten das Vergnügen, an die Hannover-Mindener Bahn versetzt zu werden, und zwar zum großen Wunstorfer Bahnhof.

Fünf Jahre später, am 15. Oktober 1852, ging jener Carl Wippo mit 160 Auswanderern in Bremerhaven unter Segel und traf am 11. Oktober des Jahres in New York ein. Zweieinhalb Jahre später folgte ihm auch seine Jugendliebe, Dorette Meyer, nach. Beide heirateten am 12. Juli 1855 in Chicago. Das ist aber eine andere Geschichte.

Heinrich Christoph Meyer versteckt den Herzog von Braunschweig vor den Franzosen und erhält 1809 das Vorwerk Müggenburg südlich von Celle zu einem niedrigen Mietpreis
Dorette Meyer von der Müggenburg im Familienkreis altgedienter Offiziere der King's German Legion

Heinrich Christoph Meyer versteckte den Herzog von Braunschweig vor den Franzosen und erhielt 1809 das Vorwerk Müggenburg südlich von Celle zu einem niedrigen Mietpreis. Wie sich herausstellt, liegt hier ein Who is Who (Wer ist wer) der hannoverschen Militärgeschichte vor.

In der Kurve der Kreisstraße 84 im Süden des Dorfes Adelheidsdorf befand sich früher ein einständiger Hof, der bereits im Ausklang des Spätmittelalters erwähnt und 1630 und noch einmal 1921 in Schutt und Asche gelegt wurde. Bei diesem Hof handelt es sich um das älteste Gebäude auf dem Gebiet der heutigen Gemeinde Adelheidsdorf. Erstmalig wurde die Müggenburg als „Muggenborch" in einer Celler Urkunde vom 21. September 1466 namentlich bezeichnet, und zwar im Zusammenhang mit der Breitenwinkels-Wiese. Herzog Otto übertrug darin Henning Greten, Bürger zu Celle, eine Wiese bei der Müggenburg „im Bredenwinkel".

Die Müggenburg im Jahr 1905. Digitale Sammlung Blazek

Die Müggenburg war von jeher landesherrliches Eigentum. Die Lage dieses Vorwerks war vorteilhaft. Es lag auf einer Anhöhe direkt an der alten Heerstraße von Hannover nach Celle, hier trafen die Ämter Burgdorf, Burgwedel und Burgvogtei Celle aufeinander. In Sichtweite verlief in Richtung Süden der alte

Müggenburger Bohldamm, der einzige sichere Weg durch ein von Moor und Feuchtigkeit geprägtes Gebiet.

Im Jahre 1809 erfolgte die Bestallung von dem Nienhäger Freisassen Heinrich Christoph Meyer (1763-1817) als neuem Vorwerkspächter der Müggenburg. Meyer, geboren am 25. Juli 1763, war damals Freisasse, also Besitzer eines abgabefreien Guts, in Nienhagen gewesen. Der freie Meyersche Sattelhof, Dorfstraße 5/9, war stark verschuldet, sodass der Hoferbe, der Erbsasse und herrschaftliche Brinkkötner Carsten Meyer jun., unter anderem am 1. Januar 1801 die stolze Summe von 400 Talern in Gold von der Vorwerkspächterin, Witwe Marie Chatharine Reichmeyer (1741-1809), geliehen hatte, um mit 200 Talern in Gold „seinen 3 ten Bruder Johann Heinr. Meyer in Nienhagen (* 14. Januar 1767) abzufinden" und mit den übrigen 200 Talern in Gold eine neue Brinkkote bauen lassen zu können. Noch im gleichen Jahr hatte Heinrich Christoph Meyer, einer von insgesamt sieben Nachkommen von Carsten Wilhelm Meyer sen. und dessen Ehefrau Catharine Margarete, geborene Ranzen (drei Söhne, vier Mädchen), seinen Hof an Hans Heinrich Heitmann verpachtet.

Porträt Friedrich Wilhelms aus dem Jahr 1809 von dem Bildnismaler Johann Christian August Schwartz (1756-1814). Wikipedia – die freie Enzyklopädie (gemeinfrei)

Und dass Heinrich Christoph Meyer die Nachfolge der soeben am 21. April 1809 verstorbenen Witwe Reichmeyer, geb. Viercken (aus dem Hause des Königlichen Fohlenwärters Hinrich Melchior Viercken zur Behre, unweit der Müggenburg), antreten konnte, hatte laut Informationen des Nachfahren Charles Bowman in Pace, Florida, Urururenkelsohn Meyers, noch einen weiteren Grund. Überliefert ist in der Familie, dass er die Pachtung zu einem niedrigen Mietpreis erhalten hatte, weil er Herzog Friedrich Wilhelm von Braunschweig-Oels (1771-1815), auch der Schwarze Herzog genannt, der am 16. Juni 1815 in der Schlacht bei Quatre-Bras, Königreich der Vereinigten Niederlande, fiel, vor den napoleonischen Truppen gerettet hatte, indem er ihm im Holzmannschen Haus in Celle (später Hotel de Hanovre, Poststraße 3) Unterschlupf bot. Eine Tochter Meyers und ihr Ehemann zahlten nach Informationen Bowmans noch gegen Ende der 1840er Jahre den niedrigen Mietpreis.

Im Jahre 1810 wurden in der Kirche Nienhagen „*getrauet, religiose et civilit. am 23ten Octbr. Herr Heinrich Christoph Meyer, Pächter des Vorwerks Müggenburg, und Freisasse hieselbst, und die Demoiselle Caroline Marie Cleves aus Herrenhausen*".

Caroline Marie Cleves war damals 36 Jahre alt und somit elf Jahre jünger als ihr Gatte. Geboren wurde sie 1774. Ihre Eltern waren Ernst Christian Cleves und seine Ehefrau Sophie Dorothee, geborene Müller. Dass Heinrich Christoph Meyer und Caroline Marie Cleves zusammengekommen waren, wird darin begründet sein, dass ihr Vater, 1722 in Herrenhausen bei Hannover geboren, von 1799 bis 1802 Prediger der Neuenhäuser Gemeinde gewesen war. Er kam laut 1802 als Pfarrer nach Sudwalde bei Bruchhausen-Vilsen, wo er dann am 16. Juni 1829 starb. Im Zeitraum 1799-1802 werden sich die Brautleute kennengelernt haben.

Die Meyersche Familienbibel von 1690. Foto: Matthias Blazek

Die Meyersche Familienbibel, ein seitenstarkes, fest eingebundenes Buchwerk aus dem Jahre 1690, ist eines der wichtigsten Werke, die heute von dem Nienhäger Heimatverein ausgestellt werden.

Am 1. Dezember 1810 erklärte sich der Höfner Friedrich Ludewig Busse (Nienhagen Nr. 4) als Nachbar bereit, die Möbel der Familie Ernst Georg Ludewig von Campe von Hannover nach Nienhagen zu fahren. Zu diesem Zweck hatte man ihm einen Freipass besorgt, den die Zoll- und Weggeldeinehmer jedoch nicht respektierten. In seiner Frachtfahrerrechnung wies Busse darauf hin, dass er Zoll und Weggeld gezahlt hätte *„in Hannover 9 mgr, zur List 5 mgr, Boddfelt 7 mgr 4 Pf, Kirchhorst 5 mgr, Schillerslage 7 mgr, Müggenburg 9 mgr 4 Pf/ Summa 1 1 rh 5 gr 4 Pf"*.

Am 4. September 1817 *„starb zur Müggenburg der Pächter des dasigen herrschaftlichen Vorwerks und Freysasse in Nienhagen, Heinrich Christoph Meyer. Begrab. am 7ten Sept. Alt. 54 J. 7 Wochen."*

Am 12. November 1817 machte die Königliche Burgvogtei Celle im „Zelleschen Anzeiger" bekannt: *„Das an die hiesige Burgvoigtei gehörige Vorwerk zur Müggenburg, soll in seiner bisherigen Consistenz nebst der Wirthschaft, auf Befehl Königl. Cammer in Hannover, auf die sechs Jahre, als vom 1sten Mai 1818 bis dahin 1824 öffentlich meistbietend verpachtet werden, wodurch also Pächter die Benutzung von etwa 126 Morgen Ackerländerei und Wiesen, desgleichen einer bedeutenden Hut- und Weide-Befugniß x. erhält.*

Zu dieser Licitation, wobei nur völlig cautionsfähige Subjecte, die sich als solche sofort legitimiren werden, zuläßig sind, ist Termin auf Sonnabend, den 13ten December d. J., Vormittags 11 Uhr angesetzt, und haben sich alsdann die Pachtlustigen auf hiesiger Amtsstube einzufinden. (...)"

Vorwerkspächter wurde daraufhin der Sohn des verstorbenen Pächters Heinrich jun.

Im „Zelleschen Anzeiger nebst Beiträgen" vom 6. und 9. September 1820 wurde bekannt gemacht, dass am 10. September um 15 Uhr das auf den Wiesen bei der Müggenburg befindliche Nachgras meistbietend verpachtet werden sollte.

1821 lebten auf der Müggenburg in zwei Gebäuden 16 Einwohner.

Am 1. und 5. Juni 1822 verlautete im „Zelleschen Anzeiger nebst Beiträgen": *„Zu Verkaufen. Müggenburg. Am Sonntage, den 9ten Juni, Nachmittags 3 Uhr, soll das Vorgras von mehreren bei der Müggenburg belegenen Wiesen öffentlich meistbietend verkauft werden. Kaufliebhaber wollen sich zur bestimmten Zeit hieselbst anfinden. Meyer."*

Am 4. und 7. September 1822 verlautete im „Zelleschen Anzeiger nebst Beiträgen": *„Zu verpachten. Müggenburg. Am 8ten d. M. soll das Nachgras von mehreren Wiesen kabelweise verpachtet werden."*

Johann Heinrich Conrad Adam Bornemann, Weggeldeinnehmer zur Müggenburg, wurde am 17. Februar 1823 in Nienhagen mit Louise Köhler aus Hannover getraut. In der folgenden Zeit errichtete der Chausseeaufseher Johann Gerhard Lindenbaum nördlich der Müggenburg „im Westerzeller Felde, an der Hannoverschen Straße" als erster Siedler ein Haus in der neuen „Kolonie Adelheidsdorf".

Am 30. April, 3. und 7. Mai 1823 finden wir im „Zelleschen Anzeiger nebst Beiträgen" eine weitere Annonce von Vorwerkspächter Heinrich Meyer (vom 30. April des Jahres): *„Die Müggenburger Bohlwiesen in 32 Kabeln getheilt, sollen am 11ten Mai d. J., Nachmittags 3 Uhr, öffentlich meistbietend verpachtet werden."*

Im „Zelleschen Anzeiger nebst Beiträgen" vom 1. und 4. Juni 1825 wurde der von der Behörde unter dem 24. Mai angesetzte Termin zur öffentlich meistbietenden Verpachtung der Bohlwiesen (aus 32 Kabeln [1 Kabel entsprach etwa 820 Quadratmetern] bestehend) am 5. Juni des Jahres bekannt gegeben. Die Interessierten sollten sich beim Vorwerk um 15 Uhr einfinden.

Pächter Heinrich Meyer hatte mehrere Töchter. Im Verzeichnis der Getrauten des Kirchspiels Nienhagen sind Hochzeiten für die Jahre 1826, 1830 und 1836 verbrieft. Wir beginnen mit dem Jahr 1826.

„(1826) Herr Rittmeister Wilh. Fricke bei dem Garde=Cürasire=Regmt. mit Demois. Sophie Meier zur Müggenburg den 19ten October."

Für Rittmeister Wilhelm Jacob Julius Fricke, laut Auskunft aus Familienkreisen 1777 in Bruchhausen(-Vilsen) geboren, war es bereits die zweite Ehe, nachdem seine erste Ehefrau am 4. September 1821 verstorben war. Er notierte in einer

Notiz, in der die Geburt des Sohnes Georg August am 5. November 1827 angezeigt wurde: „*I was married Before I joined the British services But became a Widow on the 4th September 1821.*" Die Hochzeit am 19. Oktober 1826 wurde laut dieser Notiz auf der Müggenburg gefeiert.

Dass die Anzeige in englischer Sprache erfolgte, hatte einen guten Grund. Wilhelm Fricke hatte als William Fricke in der Königlich Deutschen Legion (King's German Legion) in den napoleonischen Kriegen gekämpft. Dort war er N. C. O., Non Commissioned Officer, auf Deutsch Unteroffizier, vom 26. Mai bis 6. Juni 1812, dann Leutnant ab 6. Oktober 1813, er wurde als Soldat des 1. leichten Dragoner-Regimentes am 18. Juni 1815 in Waterloo schwer verwundet und mit der Braunschweigischen Waterloo-Medaille ausgezeichnet.

William Frickes Notiz über seine zweite Ehe mit Sophie Meyer von der Müggenburg. Repro: Kázmér Szalay

Wilhelm Fricke und seine angeblich über 20 Jahre jüngere Ehefrau Sophie Meyer lebten „vor dem Hehlenthore" in Celle. Ein harter Schlag erlitt das Paar gleich zu Beginn des Jahres 1829, als ihm Zwillinge totgeboren wurden. Schon zwei Tage später wurden sie laut Taufregister der Stadtkirchengemeinde Celle „in des Herrn Pastor Knauers Woche" zur letzten Ruhe gebettet.

„In des Herrn Archidiaconus Müllers Woche" wurde am 4. Juni 1831 das gemeinsame Kind Anton William geboren. Die Taufe folgte am 25. Juni. Im Kirchenbucheintrag wird der militärische Werdegang des Vaters noch einmal ausführlich dargestellt: *„Der Rittmeister und Commandeur des zum Bundes Contingente bestimmten Hannoverschen Corps, früher pensionirter Staabs-Rittmeister im Königl. Hannoverschen Garde Cüraßier Regiment, und vormals Lieutenant und Adjudant im 1sten leichten Dragoner Regimente der Kings German Legion, Herr Wilhelm Jacob Julius Fricke, außer dem Hehlener Thore; Frau Sophie Margarethe, geb. Meyer."*

Taufzeugen waren der Kaufmann Anton Fastenau und der bereits verwitwete, in den Feldzügen in Spanien und Italien genannte hannoversche General-Major Johann Wilhelm von Ulmenstein (1757-1842). Letzterer, ein guter Freund und Kriegskamerad Frickes, betrat wenige Jahre später erneut die Bildfläche, indem er 1830 in die Sippe einheiratete. Dazu weiter unten Näheres.

Wilhelm Fricke und Sophie Meyer erlebten am 25. August 1834 die Geburt eines weiteren Kindes, Carl Georg Ludwig, welches am 16. Oktober in Anwesenheit der Taufzeugen Capitain Georg Klingsöhr, Premier-Lieutenant Georg Ludwig Knoch und Premier-Lieutenant Carl Neußel in Celles Stadtkirche St. Marien getauft wurde. Beim Vater wurde im Kirchenbuch wieder der Rattenschwanz mit dem Werdegang des Kindsvaters angeführt, allerdings mit dem abschließenden Zusatz: „... und Commandeur des aufgelößten Königlichen Train Corps".

Wilhelm Jacob Julius Fricke starb im Alter von 61 Jahren und neun Monaten am 16. Februar 1839. Vier Tage später wurde er zur letzten Ruhe geleitet, und zwar, wie das Sterberegister der Stadtkirchengemeinde ausweist, (mit) „Ganze Schule": Im ausgehenden 18. Jahrhundert war Gesang von Schulkindern unter Leitung des Lehrers oder Küsters – vom Trauerhaus zum Grab oder nur am Grab üblich. Es wurde auch „Aus-dem-Hause-Singen" genannt. Und je nach Zahlungskräftigkeit der Trauerfamilie gingen mehr oder weniger Schüler mit. Das liest sich im Kirchenbucheintrag dann so: „1/4 Schule" oder „mit dem Quartal", „1/2 Schule" oder „Ganze Schule".

Nach Informationen von Kázmér Szalay blieb die junge Ehefrau Sophie Fricke nach dem Tod des Rittmeisters Wilhelm Fricke (1839) in Celle mit den drei Jungen Georg, Anton und Carl zurück. Sie lebten auch weiter in Celle, und zwar 1842 am Großen Plan, 1848 in einem Haus an der Breiten Straße, 1855 an der Zöllnerstraße und 1877 wieder an der Breiten Straße. Georg, Anton und Carl lernten in der Höheren Bürgerschule, alle wurden in Celle konfirmiert. Anton Fricke ging später auch zum Militär, angeblich als junger hannoverscher Lieutenant zu k.u.k. Armee in Meran, Südtirol. In Meran war unter anderem ein Standschützen-Bataillon stationiert. Die Regimenter wurden 1918 mit dem Ende k.u.k. Monarchie aufgelöst.

Das Verzeichnis der Getrauten des Kirchspiels Nienhagen nennt die dritte Tochter aus der Heinrich Meyerschen Ehe:

„(1830) Am 24sten October wurde nach erhaltener Concession der Königl. Hannover. Consistorii zu Müggenburg getrauet der Herr General=Major Johann Wilhelm von Ulmstein mit der Jungfrau Luise Auguste Meyer Tochter des zeitigen Pächters zu Muggenburg."

General-Major Johann Wilhelm (John William) von Ulmenstein war der zweite Sohn des Oberappellationsrats in Celle Anton Freiherr von Ulmenstein (1723-1785) und ein Enkelsohn des Freiherrn Johann von Ulmenstein. Johann Wilhelm von Ulmenstein hatte ebenfalls in der King's German Legion gedient. Am 12. Januar 1805 wurde „John William de Ulmenstein" zum Major im 2. Linienbataillon befördert (ab 17. Dezember 1807 im 4. Linienbataillon der K.G.L.), am 23. Oktober 1810 zum Lieutenant-colonel (Oberstleutnant) des 6. Linienbataillons, am 24. Mai 1816 wurde er auf Halbsold eingestuft. Im Königlich Großbritannisch-Hannoverschen Staatskalender auf das Jahr 1819 wurde von Ulmenstein als Oberst aufgeführt. Er erwarb 1830 das Rittergut Groß Borstel bei Hamburg. Widersprüchlich schreibt der Fachautor North Ludlow Beamish (1797-1872) in der „Geschichte der Königlich Deutschen Legion" (1837), von Ulmenstein habe als Hannoverischer General-Major a. D. zu Bostel bei Celle „i. Han." (im Hannöverschen) gelebt.

Im gleichen Jahr, 1830, heiratete er in die Müggenburger Vorwerkspächterfamilie ein. In Groß Borstel wurden dem Paar am 23. Juli 1837 die Zwillinge Charlotte Sophie Mathilde und Natalie Friederike Ursula geboren, die am 7. September des Jahres getauft wurden.

Für General-Major Johann Wilhelm von Ulmenstein war es bereits die zweite Ehe gewesen. Er hatte im Jahr 1800 Ernestine Elisabeth, geborene Hotze(n), geheiratet, die am 3. November 1785 als Tochter eines Leutnants in Celle geboren worden war, die des Weiteren schriftstellerisch tätig war und laut Eintrag auf dem englischen Friedhof Cimitero degli Inglesi, dem ältesten protestantischen Friedhof in Livorno, bereits 19. November 1825 in Florenz verstarb, wo sie die meiste Zeit gelebt hatte.

Die Müggenburg auf einer kolorierten Postkarte um 1905. Digitale Sammlung Blazek

Die dritte Tochter aus der Ehe von Heinrich Meyer und Julie, geborene Riemenstein, wird im Verzeichnis der Getrauten des Kirchspiels Nienhagen genannt:

„(1836) Am 25sten September ist hieselbst nach zuvor am hiesigen Orte und in Wustrow Statt gefundenen zweimaligen Aufgebote getrauete Herr Carl Ludwig Schädtler zu Muggenburg mit Jungfrau Caroline Jestine Dorethee Meier aus Müggenburg."

Der Ökonom Carl Ludwig (Louis) Schaedtler, damals 38 Jahre alt, wurde 1845, dem Jahr der Eisenbahn-Streckeneröffnung Lehrte-Celle, Heinrich Meyers Nachfolger als Vorwerkspächter.

Eine vierte Tochter, Dorette, erwähnt Charles Bowman. Sie wurde am 3. Dezember 1827 in Müggenburg geboren, auf den Namen Dorette Christiane getauft und war gerade einmal 16 Jahre jung, als sie ihrem künftigen Ehemann, dem aus Peine kommenden gleichaltrigen Brückenbauer Carl Wippo, begegnete, als dieser in der Müggenburger Gastwirtschaft logierte. Wippo war wie sein Vater Vorarbeiter, die, wie sich Wippo später erinnerte, unter schwierigen Bedingungen im Zeitraum 1844-1850 vier Eisenbahnbrücken über die Fuhse und die Aller bauten. Der junge Wippo arbeitete auch in Uelzen und am Wunstorfer Bahnhof. Er verließ 1852 Peine und wanderte mit dem Schiff von Bremerhaven nach Amerika aus. Später, 1855, brachte er seine Erinnerungen an seine 1844 begonnene Love-Story zu Papier. Darin geht er auch auf die deutsche Revolution 1848 und die zweimalige Ablehnung durch seine Angebetete ein.

Die Müggenburg auf einer Postkarte um 1910. Der Gast- und Landwirt Heinrich Garbe (1855-1926) aus Sievershausen war mit seiner Ehefrau Luise von 1907 bis 1925 Pächter des domänenfiskalischen Ackerhofes Müggenburg (als Nachfolger von Gustav Elvers).
Digitale Sammlung Blazek

Laut diverser Online-Familiendatenbanken soll es noch eine ältere Schwester, Johanne Meyer, gegeben haben, die am 16. März 1819 als Tochter von Heinrich Meyer und Julie Riemenstein in Müggenburg geboren worden sein soll. Und auch die Memoiren von Carl Wippo bestätigen:

„Der alte Meyer hatte sechs Töchter: Sophie, Auguste, Caroline, Julie, Johanne, & Dorette. Sophie die älteste heirathete einen Militair, namens Fricke, Rittmeister im Königl. Hannov. Dragoner=Regiment zu Celle; Auguste die zweite, das schönste Mädchen derzeit in Celle, heirathete den General v. Ulmenstein in Celle; Caroline die dritte heirathete den Oekonom Schaedtler, jetziger Pächter der Müggenburg. Julie und Johanne sind noch unverheirathet. Dorette die jüngste war sechszehn Jahr alt als der Vater starb; Sie war sein Liebling gewesen."

Der Standort der alten Müggenburg im April 2016. Fotos (3): Matthias Blazek

Carl und Dorette Wippo wurden in Öl gemalt und so für die Ewigkeit festgehalten. Seit 1972 werden die beiden Gemälde von der Chicago Historical Society verwahrt und verwaltet. Sie haben eine Größe von etwa 76,2 x Zentimetern mal 63,5 Zentimetern.

Die Liebesgeschichte fand ihr trauriges Ende im Jahr 1876, als Dorette Wippo im Alter von gerade einmal 49 Jahren verstarb. Ihr trauriger Mann überlebte sie um 22 Jahre. Das Paar hinterließ zwei Söhne, Charles Wippo (1859-1907), der am 26. November 1891 Hedwig Schulz (1870-1912) heiratete, und Albert Conrad Wippo (1861-1941). Carl Wippo selbst starb am 30. April 1898 in Chicago.

Carls Vater Conrad Wippo starb im Frühjahr 1873 im Alter von etwa 77 Jahren. Der frühere Sattler war der erste Mensch, der auf dem Friedhof Waldheim zur letzten Ruhe geleitet wurde. Conrad Wippo hatte den Platz auf dem Friedhof selbst gewählt, weil er unter der dortigen großen Eiche begraben werden wollte, wissen die Nachfahren noch heute zu erzählen.

Andreas Simon schreibt in seinem zweisprachig erschienenen „Chicago, die Gartenstadt" (Forany Gindele Printing Co., Chicago 1893, S. 177):

„Friedhof Waldheim, auf welchem bekanntlich einem Jeden, der sich den Bestimmungen und Regeln der Friedhofs-Verwaltung fügen will, ein Plätzchen eingeräumt wird, wo er sich einstmals, wenn sein Stündlein geschlagen haben wird, begraben lassen kann, ist der deutscheste aller Friedhöfe dieser Stadt. Weder über seine Glaubensbekenntnisse, noch über seine Nationalität wird dort von dem Grabkäufer Auskunft verlangt, doch kommt es höchst selten vor, daß die Beerdigung von anderen als Deutschen auf Waldheim zu verzeichnen ist. (...) Aus den im Bureau aufliegenden Büchern ist zu ersehen, daß die erste Beerdigung auf Waldheim am 7. Mai 1873 stattfand und daß es die sterblichen Ueberreste von Conrad Wippo waren, die dort in das erste Grab gesenkt wurden; seitdem ist die Zahl der stummen Bewohner jenes Friedhofs auf über 17,000 angeschwollen. (...)"

Zum Kreis der Verwandten und Nachkommen gehören die Eheleute Adolf Hermann Michael Reisewitz und Lydia Wilhelmine Emilie, geb. Schulz. Er wurde 1872 geboren, starb gegen Ende des Zweiten Weltkrieges (1939-1945) und hatte einen Bruder namens Ernst Karl Rudolf Reisewitz. Die Eheleute heirateten in Baden, wo sie auch lebten. Dieses Foto von 1913/14 zeigt die Eheleute mit ihrem Neffen Carl III Wippo (1904-1964), Enkelsohn des Auswanderers Carl Wippo, der wohl zu Besuch in Deutschland war, und den Haushund „Mucki". Foto: Charles Bowman

„Mit schweren Herzen schieden wir von Celle"

Der Originaltext der Lebenserinnerungen

Am Neujahrstag 1864 leitete Wippo in der US-amerikanischen Großstadt Chicago im Bundesstaat Illinois seine Erinnerungen mit einem Vorwort ein.

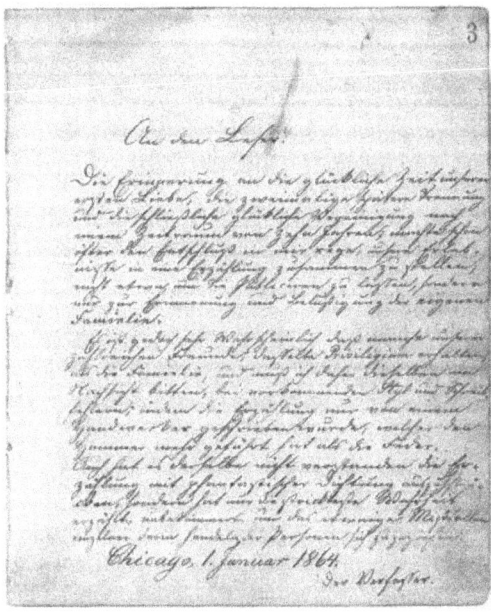

An den Leser.

Die Erinnerung an die glückliche Zeit unserer ersten Liebe, die zweimalige spätere Trennung und die schließliche glückliche Vereinigung nach einem Zeitraum von zehn Jahren; machte schon öfter den Entschluß in mir rege, unsere Erlebnisse in eine Erzählung zusammen zu stellen, nicht etwa, um Sie (sic!) Publiciren (sic!) zu lassen, sondern nur zur Erinnerung und Belustigung der eigenen Familie.

Es ist jedoch sehr Wahrscheinlich daß manche unserer zahlreichen Freunde, dasselbe Privilegium erhalten, als die Famielie (sic!), und muß ich daher dieselben um Nachsicht bitten, bei vorkommenden Styl und Schreibfehlern; indem die Erzählung nur von einem Handwerker geschrieben wurde, welcher den Hammer mehr geführt hat als die Feder.

Auch hat es derselbe nicht verstanden die Erzählung mit phantastischer Dichtung auszuschmücken, sondern hat nur die strickteste Wahrheit erzählt, unbekümmert um das etwaige Mißfallen einzelner darin handelnder Personen sich zuzuziehen.

Chicago, 1. Januar 1864.

Der Verfasser.

Es war im Jahre 1842, als im Königreich Hannover der Bau der ersten Eisenbahn begann. Große Hoffnungen wurden von manchen Seiten davon gehegt, während von andern Seiten eben so viele Befürchtungen und Verwünschungen laut wurden. Wie es denn gewöhnlich der Fall ist, wenn etwas großartiges Neues, alte lang bestandene Gewohnheiten aufhebt, und nichts hat wohl größere Umwälzungen im Bürgerlichen Leben hervorgebracht als eben die Dampfkraft und mit ihr die Eisenbahn.[1]

Jeder der sich durch die Eisenbahn beeinträchtigt glaubte, suchte daher den bestmöglichen Vortheil davon zu ziehen, und arbeitete an derselben um später eine der zahllosen Stellen zu bekommen welche beim Betriebe der Eisenbahn vergeben wurden. Da sah man Militairs, verarmten Adel, Gelehrte, Kaufleute, Handwerker, Bauern und Tagelöhner, die gewöhnlichsten Handarbeiten verrichten und mit jenen an einen Karren ziehen, die vieleicht (sic!) eben eine Arbeits= und Besserungs=Anstalt verlassen hatten. Gleichsam als habe die alles nivellirende Eisenbahn auch schon die schroffen Abstände der verschiedenen Klassen geebnet. Es war oft traurig genug anzusehen, wenn gebildete aber verarmte Leute, in Gesellschaft von rohen verkommenen Subjecten arbeiten [Streichung: musten], und deren faule Witze und rohe Scherze anhören musten (sic!), doch das war nun einmal nicht zu ändern, und jeder suchte daher so gut es ging carriere zu machen.

Alte gediente Militairs wurden jedoch allen vorgezogen. Sie erhielten die besten Stellen – auch die andern erhielten, ihren Kentnissen (sic!) entsprechende Plätze; nur der Handwerkerstand nicht, er hatte keine Freunde höhern Orts, die ihn empfehlen konnten, er mußte von der Pike herauf dienen, und doch verließen verarmte Handwerker massenweise ihre Werkstätten namentlich in den kleinern Städten, wo sie ohnehin nur ein klägliches Dasein fristeten; um ebenfalls die zwar hä(r)tere aber doch lohnendere Arbeit des Eisenbahnbaues zu verrichten, da auch mancher von ihnen nicht der letzte zu sein hoffte, dem eine Stelle an der Eisenbahn zufallen möge.

Auch wir hatten zuweilen gedacht ob es nicht rathsam sei uns um eine Stelle zu bewerben denn in letzterer Zeit waren die Geschäfte so still gewesen, das kaum die laufenden Ausgaben eingenommen wurden, und wie würde es erst noch werden, wenn durch das Dampfroß die vierbeinigen Rosse außer Dienst – gesetzt würden, wodurch das Sattler Geschäft bedeutend verlieren muste.

Ein Vetter von uns war als Bauführer angestellt, und wohl wissend, daß das Sattler=Geschäft in Peine ziemlich herunter sei, bestimmte er uns auch an die

---

[1] Am 18. Juli 1842 begannen die Arbeiten auf dem Teilstück Hannover-Lehrte. Bald darauf wurden auch die Arbeiten an drei weiteren Stellen aufgenommen. Im „Archiv für Eisenbahnen und die damit verbundenen Hülfswissenschaften" verlautet über die frühen Gleisbauarbeiten: „Der Bau der Eisenbahn von Hannover nach Braunschweig ist im hannoverschen Gebiete im Juli 1842 in Angriff genommen, und es sind die Erdarbeiten auf dieser Strecke gegenwärtig bereits zur Hälfte beschafft, so daß im Herbste des Jahres 1843 ein beträchtlicher Theil der Bahnstrecke dem Betriebe wird geöffnet werden können." (Archiv für Eisenbahnen und die damit verbundenen Hülfswissenschaften, nebst Aufsätzen statistischen Inhalts, Sonnabend, 1. April 1843, S. 15.)

Eisenbahn zu gehen, denn, sagte er eine Stelle ist jeden von euch gewiß, dafür werde ich schon sorgen. Angesichts dieser in Aussicht stehenden Stellen, welche in mancher Hinsicht lockendes boten, beschlossen wir dem Rathe des Vetters zu folgen. Der Vater war sechs und vierzig Jahre alt mein Bruder neunzehn, und ich sechszehn Jahr alt. Der Vater hatte uns beide das Sattlerhandwerk gelernt, denn dieses war fast zweihundert Jahr in unserer Familie, und es war daher eine schwer zu beschließende Trennung.[2]

Mancher sich besser dünkende sah auch wohl gar mit Stolz auf uns herab und wunderte sich, das auch wir an der Eisenbahn arbeiteten; aber der feste Wille, und die Hoffnung auf künftige bessere Zeiten, ließen alle Strapazen glücklich überwinden, und der Gedanke: „Arbeit schändet nicht", ließ uns ruhig unsern einmal eingeschlagenen Weg verfolgen.

So ging es beinahe achtzehn Monathe fort, und die Bahn von Hannover nach Brauschweig (sic!) war ihrer Vollendung nahe, als wir plötzlich hören, das Niemand unter fünf und zwanzig Jahren, und über vierzig eine Stelle bekommt; also keiner von uns; doch sind noch weitere Bahnen projectirt, und ist uns daher die Möglichkeit geboten, uns noch ferner bewerben.[3]

Auch sagt unser Vetter: je länger ihr beim Bau angestellt seid, desto bessere Stellen erhaltet ihr später, und die Richtigkeit dessen wohl einsehend beschließen wir das einmal angefangene weiter zu verfolgen.

Die nächste Bahn, welche nun gebaut wird, ist die Celler=Harburger Bahn, und wir wenden uns daher zunachst (sic!) nach Celle.[4]

An einem schönen Augustmorgen im Jahre 1844. verließen wir Peine, um nach den sieben Stunden entfernten Celle zu gehen; theils wehmüthige theils freudige Gefühle bemächtigen sich unser, im Hinblicke auf unsere Veränderung, Wehmü-

---

[2] Über die ursprüngliche Herkunft der Sippe Wippos ist wenig bekannt. Benedict Ulrich Wippo, geboren am 17. Januar 1697 als Sohn des Magdeburger Bürgers und Schmelzer-Innungsverwandten Henrich Wippo († 20.09.1709) und dessen Ehefrau, Dorothea Eucharia, geborene Hinze (aus Gardelegen), heiratete 1728 in Berka an der Werra Johanna Dorothea Trier und wurde Vikar in Deckbergen und 1740 als Prediger von Hohenrode nach Groß Nenndorf (Bad Nenndorf) versetzt, wo er am 12. Mai 1780 verstarb. (Paulus, Johann Conrad, Nachrichten von allen Hessen-Schaumburgischen Superintendenten, Kirchen, und den dabey von der Zeit der Reformation bis jetzo gestandenen und noch stehenden Predigern, Rinteln 1786, S. 166.) Gegen den Geistlichen wurde in den 1740er Jahren ein Disziplinarverfahren wegen Eigenmächtigkeit geführt. (NLA Hannover LkAH A 13 Nr. 414.)
[3] Die Hannover-Braunschweiger Eisenbahn wurde am 19. Mai 1844 eröffnet. Die Stationen: Hannover, Lehrte, Peine, Vechelde, Braunschweig. Dauer der Fahrt: 1½ Stunden. Fahrpreise in guten Groschen (von Hannover nach Braunschweig): I. Klasse 1 Taler 14 gGr., II. Klasse 1 Taler 2 gGr., III. Klasse 16 gGr. Jeder Fahrgast hatte 50 Pfund Freigewicht. (Die Eisenbahnen: Leipzig-Altenburg, Braunschweig-Hannover, Braunschweig-Magdeburg-Halberstadt, Braunschweig-Wolfenbüttel-Harzburg, Berlin 1844, S..)
[4] Die Eisenbahnstrecke Lehrte-Celle wurde im Jahre 1845 in Betrieb genommen. Sie ist eine der ältesten Bahnlinien Deutschlands überhaupt und gerade einmal zehn Jahre nach der Strecke Nürnberg-Fürth eröffnet worden. Die Bahnlinie verläuft schnurgerade vom Kopfbahnhof Lehrte über Aligse, Burgdorf, Otze, Ehlershausen nach Celle und in der zwei Jahre jüngeren Verlängerung bis nach Harburg. Nach langen Verhandlungen schuf ein Ministerialbeschluss vom 10. Juni 1843 die Grundlage für den Bau der Eisenbahn Lehrte-Celle.

thige, weil wir also jetzt das liebe alte Geschäft, welches fast Jahrhunderte in unserer Famielie (sic!) war verlassen wollten, und woran wir trotz der schlechten Zeiten, doch noch mit großer Liebe hingen, und welches wir neben der Eisenbahnarbeit auch noch fortgesetzt hatten, um uns einen Rückzug offen zu halten, falls wir bei Vertheilung der Stellen übergangen werden sollten. Wehmüthig weil in Celle verschiedene Verwante und Freunde wohnten, welche uns nach damaligen und dortigen Begriffen in unserer „Erniedrigung" als Eisenbahn= Arbeiter sehen würden; Wehmüthig und ängstlich zugleich, weil wir nicht wußten ob und welche Beschäftigung wir dort erhalten würden; Freudige Gefühle aber zu letzt; indem wir wußten das unser Vetter auch dorthin versetzt werden würde, sobald die Arbeiten in Peine beendigt sein würden, auch waren wir ja schon durch denselben mit mehreren andern Angestellten bekannt geworden, und so unterlag es doch wohl keinen Zweifel, das wir in Celle unserem Ziele um ein beträchtliches näher rücken würden; und so geschah es denn auch.

f. Art des Bahnbaues; bedeutende Bauwerke.

Das unter der Hannover-Braunschweigschen Eisenbahn in Bezug auf die Ausführung des Bahnbaues Gesagte gilt auch hier. Besonders bedeutende Bauwerke kommen auf den Hannoverschen Bahnen nicht vor, auf den bis jetzt speziell bearbeiteten Bahnen wenigstens keine Tunnels, keine Brücken über Hauptströme oder Viadukte über tiefe Thäler.

Auf der Bahnstrecke von Hildesheim nach Zelle, und zwar zwischen Hilbesheim und Lehrte, sind einige bedeutende Einschnitte und Dämme auszuführen. Der größte Einschnitt enthält 34400 Schachtruthen (à 256 Kubikfuß). Die Brücken dieser Bahnstrecke sind ebenfalls nicht bedeutend; die größte ist die Brücke über die Fuhse bei Zelle.

Auf der Bahnstrecke von Zelle nach Harburg sind die größten Flüsse die Aller, welche bei Zelle mit der Fluthbrücke in einer Weite von 550 Fuß überbrückt wird, und die Ilmenau, welche einmal bei Bienenbüttel und zum zweiten Male bei Lüneburg übersetzt werden muß.

„... die größte ist die Brücke über die Fuhse bei Zelle". Die Eisenbahnen Deutschlands. Berlin, Posen und Bromberg 1845, S. 2107. Digitale Sammlung Blazek

Nach kurzem Dortsein wurden wir endlich provisorisch angestellt, und zwar Vater und Bruder als Schachtmeister, und ich wegen meiner Jugend erst als Gehilfsaufseher. Als solche werden wir dem Brückenbau zugetheilt, und nun sind wir geborgen, denn jetzt haben wir zu befehlen statt zu arbeiten. Vier große Brücken, zwei über die Fuhse, und zwei über die Aller, wurden unter ziemlich schwierigen Verhältnissen bei Celle gebaut, und trotz der tausenden von Menschen, welche daran beschäftigt waren ging der Bau doch langsam von statten; dazu kam der Winter, das Jahr näherte sich seinem Ende, und mit den Weihnachtsfeiertagen war starker Frost gekommen, so daß der Bau für die Zeit der strengsten Kälte suspendirt wurde, und es uns vergönnt war, längere zeit zu Hause sein zu können. Wir reisten daher am vier und zwanzigsten December 1844. nach Peine, und kamen in der zweiten Woche des Januar 1845. wieder nach Celle. Der Bau wurde wieder begonnen, und ohne erhebliche Unterbrechung so weit gebracht, das die Fuhse=Brücken im April 1845 schon über dem Niveau des Wassers waren; und da die Vollendung derselben, mehr den Maurern und Zimmerleuten angehörte, und daher mit weniger Aufsicht vollendet werden konnte, so wurden ein Bauführer und ich nach Müggenburg versetzt, um dort ebenfalls, jedoch kleinere, Brücken, zu bauen.[5]

Gerichtliche Vorladung.
Nach einer Anzeige der Königlichen Eisenbahn-Direction zu Hannover müssen behuf der, mittelst Bekanntmachung des Königlichen Ministerii des Innern vom 10. Juni 1843 beschlossenen Eisenbahn-Anlage zwischen Celle und Lehrte in der Feldmark **Müggenburg** von den in dem nachfolgenden Verzeichnisse aufgeführten Grundstücken die dabei bezeichneten Flächen (unter Vorbehalt einer genauen Aufmessung des Mehr oder Weniger) nach dem eintretenden Bedarf), durch die resp. Eigenthümer abgetreten werden.
Indem solches den Letztern in Gemäßheit der §. §. 7 und 8 des Gesetzes vom 8. September 1840 zur Nachricht dient, werden zugleich nicht nur alle nachbenannten Eigenthümer, sondern auch alle diejenigen, welche sonst Ansprüche auf Entschädigung wegen jener zur Abtretung geforderten Grundflächen zu begründen haben mögen, zur

Tabellarische Uebersicht der in der Feldmark Domaine **Müggenburg**, Burgvoigtei Celle, für die Anlage der Eisenbahn zu erwerbenden Grundstücke.

Laufende Nummer.	Namen und Wohnort des Eigenthümers.	Art des Grundstücks.	Namen des Grundstücks oder des Feldes, der Flur u. dgl., worin das Grundstück belegen.	Morgen	Ruthen
1	Königliche Domaine Müggenburg	Haide.	Das Müggenburger Moor.	12	1
2	Desgleichen	Oeffentlicher Weg	Moorweg.	desgleichen.	—	6
3	Desgleichen		desgleichen.	des Feldes, der Flur	—	5
4	Desgleichen				—	12
5	Desgleichen			desgleichen.	—	8
6	Desgleichen			desgleichen.	—	3

Über den Eisenbahnbauabschnitt in der Feldmark Domäne Müggenburg. Cellesche Anzeigen vom 3. August 1844. Aus: Blazek, Matthias, Großmoor, Adelheidsdorf 2014, S. 87

Ehe ich in meiner Erzählung fortfahre, will ich eine kleine Beschreibung der Müggenburg geben wie Sie damals war, als ich dort einzog, um dort ohngefähr vier bis sechs Monate dort zu wohnen.

Hart an der Chaussee von Hannover nach Celle eine Meile von letzter Stadt liegt die Königl. Domaine Müggenburg. Ringsum nichts als Heide, Moor, und Sandland und Dörfer sind daher ziemlich weit davon entfernt, nur ein in letzterer Zeit neu angelegtes Dorf, dessen Bewohner fast alle in dürftigen Umständen leben, aber doch den stolzen Namen Adelheidsdorf führt, zieht sich längs der Chaussee fast eine Stunde lang bis nahe zur Müggenburg hinauf.[6]

---

[5] Sämtliche Baumaßnahmen an den Bahnkörpern in den deutschen Staaten und auch weltweit sind an verschiedenen Stellen dokumentiert. Im „Eisenbahn-Jahrbuch für Bahn-Beamte und Staats-Behörden" (Berlin 1847) wurden unter dem Abschnitt „Viadukte, lange und eigenthümliche Brücken und Ueberbrückungen" 58 Bauten aufgeführt, darunter am Schluss (S. 250):
„55) Brücke über die Fuhse bei Celle, 14 Oeffnungen, 468 Fuß im Lichten weit,
56) Brücke über die Aller bei Celle, 15 Oeffnungen, 558 Fuß im Lichten weit, beide auf der Hildesheim-Harburger Eisenbahn."
„Der Bau der Aller-Hauptbrücke bei Celle ist trotz der gegen Ende 1844 sehr ungünstigen Jahreszeit, unausgesetzt seit dem August betrieben worden." (Stand und Ergebnisse der Europäischen Eisenbahnen bis zu dem Jahr 1845, Wien, im Dezember 1845, S. 33.)
[6] „Im Amte Celle sind 2 Colonien vorhanden, Altensalzkoth und Adelheidsdorf, von welchen die erstere auf dem Areale des niedergelegten herrschaftlichen Salzwerks in den Jahren 1801 bis 1803, und die andere in den Jahren 1824 bis 1834 auf einer dem Dominum aus der Wietzenbruchstheilung zugefallenen Fläche von 600 Morgen errichtet worden ist. (...) In Adelheidsdorf finden sich 13 einfache Colonate mit je 30 Morgen. Zwei 1½fache mit je 45 Morgen, und 2 doppelte mit je 60 Morgen. Das Dorf liegt an der von Celle nach Hannover führenden Chaussee entlang. Die Einwohner leben von Ackerbau, Viehzucht und Torfbetrieb. indem sie auf dem benachbarten Müggenburger Moore Torfgrund kaufen, solchen ausstechen und den Torf nach Celle verfahren. Sie verdienen nur eben so viel, daß sie ihren Lebensunterhalt davon bestreiten können." Festschrift zur Säcularfeier der Königlichen Landwirthschafts-Gesellschaft zu Celle am 4. Juni 1864, Zweite Abtheilung, Hannover 1864, S. 236.

Das Hauptgebäude ist ein altmodisches gewöhnliches Haus, jedoch sehr bequem für Landwirthschaft, und Wirthschaft eingerichtet, mit den dazu gehörenden Stallungen und sonstigen Gebäuden versehen, und sehr günstig gelegen. An der andern Seite der Chausee (sic!) gerade gegenüber wohnt auch ein Chausee=Einnehmer, welcher fast der einzige Nachbar der Bewohner der Müggenburg ist, da die Adelheidsdorfer ziemlich weit entfernt sind und die Müggenburger weniger Nachbarschaft mit ihnen unterhalten.[7]

Kommt man von Celle so hat man zur linken nichts als Heide und Sand und zur rechten das eben beschriebene Adelheidsdorf, darum ist es gewissermaßen wohlthuend, wenn man inmitten dieser, man mögte fast sagen Einöde, ein kleines Paradies vorfindet; denn in der That ist die Muggenburg ein solches, mit ihren herrlichen Feldern, Wiesen, Bächen, Obst und Gemüsegärten, Fischteichen und Viehweiden; die herrlichen Gärten mit ihren Anlagen, schattigen Bäumen und Lauben und duftenden Blumen sind zu einladend als das der Wanderer stillschweigend vorüber gehen könnte, und jeder der einmal jene Chausee zwischen Hannover und Celle bereist hat, weiß sich auch der Müggenburg zu erinnern.[8]

Die Müggenburg um 1910. Digitale Sammlung Blazek

Doch es ist alles jetzt anders geworden, seitdem die Eisenbahn vollendet, und dem Betriebe übergeben ist. Die Wirthschaft welche vor Eröffnung der Eisenbahn ein gutes Einkommen abwarf ist jetzt durch dieselbe ganz isolirt, und bringt fast nichts mehr ein; denn wenige Reisende sieht man dort noch passiren, da alles mit der Eisenbahn geht.

---

[7] Die „Verordnung, die Erhebung des WegGeldes in Ihro Königl. Majt deutschen Landen betreffend, vom 6. Mai 1768" regelte im ganzen Kurfürstentum Hannover die Erhebung des Weggeldes und die Einstellung von Weggeldeinnehmern und Wegaufsehern. Über die Chaussee-Einnehmer selbst ist nicht allzu viel bekannt. Wegen der geringen Wohnfläche des Weghauses lebten sie darin nur mit ihrer Ehefrau. Ihr Alter betrug Einwohnerzählungen zufolge 50 bis 60 Jahre. Um 1823 war der aus Edinghausen stammende Johann Heinrich Conrad Adam Bornemann Weggeldeinnehmer zur Müggenburg. Seine Frau Philippine war 1822 zuhause gestorben, er heiratete daraufhin am 17. Februar 1823 in Nienhagen Louise Köhler. Ab 1833 lebte hier der Einnehmer Bredtmann, der um 1835 Witwer wurde. Ihm folgte um 1840 der Einnehmer Angermann. Eine gerichtliche Bekanntmachung (Ediktalladung) in den „Celleschen Anzeigen" vom 30. November 1853 weist auf das am 5. November erfolgte Ableben des Weggeldeinnehmers Ehlers zur Müggenburg hin. Er habe nur „geringe Mobiliar-Effecten" hinterlassen und sei ohne bekannten Erben verstorben. 1871 verschwand der bei der Müggenburg befindliche Schlagbaum.

[8] Die Müggenburg südlich von Celle war von jeher landesherrliches Eigentum. Erstmalig wurde sie als „Muggenborch" in einer Celler Urkunde vom 21. September 1466 namentlich bezeichnet, und zwar im Zusammenhang mit der Breitenwinkels-Wiese. Herzog Otto übertrug darin Henning Greten, Bürger zu Celle, eine Wiese bei der Müggenburg „im Bredenwinkel". Das herzogliche Vorwerk wurde 1630 und noch einmal 1921 in Schutt und Asche gelegt.

Der jetzige Pächter ist der Schwiegersohn des alten Meyer welcher weit und breit bekannt war, unter den Namen der dicke Meyer und der am ersten October 1844 am Schlagfluß gestorben war.

Der alte Meyer war als junger Mann Kellner im Hotel d'Hannovre in Celle, und als Napoleon mit seinen Franzosen, das deutsche Volk zu knechten suchte, und jeden Patrioten zu Pulver und Blei begnadigte, da kam eines Tages Deutschlands edelster Fürst, der Herzog von Braunschweig welcher später in der Schlacht bei Quatrebrass den Helden=Tod starb, incognito in das Hotel. In ein Fuder Stroh verpackt, ließ ihn Meyer in den Hof fahren, und dort durch eine Seitenthür in die obersten Dachkammern herauf bringen; denn auf den Herzogs Kopf, war von Napoleon ein hoher Preis gesetzt.

Aber der Verräther schläft nicht, nicht lange währt es da kommen französische Officire und verlangen mit entblößten Degen das Meyer ihnen den Herzog zeigen soll, er aber stellt sich betrunken, und deutet ihnen eine ganz entgegengesetzte Richtung an als die, nach welcher der Herzog entflohen ist. Der brave und patriotische Meyer war ein treuer Wächter des Herzogs gewesen, und hatte bald aus gefunden, das es verrathen sei da der Herzog im Hotel sei, deshalb hatte er ihn früh genug fortgeschaft und so war er einer schimpflichen und schmählichen Gefangenschaft und auch wohl dem Tode entgangen; später erhielt er für diese brave That vom König von Hannover die Domaine Müggenburg auf Lebenszeit für einen geringen Pachtzins und ist derselbe auch noch auf seinen Schwiegersohn Schaedtler dem jetzigen Pächter ausgedehnt.[9]

Der alte Meyer hatte sechs Töchter: Sophie, Auguste, Caroline, Julie, Johanne, & Dorette. Sophie die älteste heirathete einen Militair, namens Fricke, Rittmeister im Königl. Hannov. Dragoner=Regiment zu Celle; Auguste die zweite, das schönste Mädchen derzeit in Celle, heirathete den General v. Ulmenstein in Celle; Caroline die dritte heirathete den Oekonom Schaedtler, jetziger Pächter der Müggenburg. Julie und Johanne sind noch unverheirathet. Dorette die jüngste war sechszehn Jahr alt als der Vater starb; Sie war sein Liebling gewesen, und in seiner übergroßen Liebe und Gutmüthigkeit, wäre Sie beinahe zu wild erzo-

---

[9] Carl Ludwig (Louis) Schaedtler, Sohn des Konsistorialsekretärs in Hannover Ludwig Schaedtler und Johanne Elisabeth, geb. Schulz, wurde mit der Pächter-Tochter Caroline Meyer am 25. September 1836 in Nienhagen bei Celle getraut, und zwar „nach zuvor am hiesigen Orte und in Wustrow Statt gefundenen zweimaligen Aufgebote". Diese Angabe liefert den Hinweis auf Schaedtlers Herkunftsort Wustrow, einem ehemaligen Fischer- und Seefahrerdorf an der Ostsee. In den „Hannoverischen Anzeigen" heißt es am 24. Juli 1758: „Wustrow. Nachdem der hiesige Rector, Johann David Schädler, verstorben, und wegen Abwesenheit der Kinder die Erbschaftsstücke unter Gerichtssiegel genommen; so ist ex speciali commissione Königl. und Churfl. Consistorii zur Entsiegel- und Vertheilung des Nachlasses Terminus auf den 25. Aug. anberaumet, und sind die von dem sel. Schädler nachgelassenen Kinder hierzu in bemeldtem Termino vor hiesiges Amt in Person, oder durch gnugsam Bevollmächtigte, zu erscheinen, vorgeladen." Dokumentiert ist die Geburt des gemeinsamen Kindes von Caroline und Louis Schadtler Johann Heinrich am 9. November 1837 auf der Müggenburg. Louis Schädtler war noch am 4. Februar 1858 auf einer Adelheidsdorfer Gemeindeversammlung auf dem Vorwerk Müggenburg vertreten, danach ging die Familie nach Neuwinsen, wo der frühere Vorwerkspächter am 25. Juni 1874 im Alter von 68 Jahren verstarb.

gen, wenn nicht angeborene Klugheit und Character sie in angemessenen Grenzen gehalten hätten; sie erfreuete sich denn auch in ihrer Kindheit des Beinamens „Schottländer", welchen Ihr der Vater gegeben hatte; denn kein Stackett, kein Obstbaum war zu hoch, kein Bach zu breit und zu tief für Sie, sie machte die übermüthigsten Streiche welche man sich nur denken kann, denn der Vater hieß alles gut, und war ihr Beschützer, seinem Schottländer durfte Niemand ein Haar krümmen. Er hatte ja nicht das Glück gehabt einen Sohn zu haben und so suchte er sich ersatz (sic!), in den muthwilligen Streichen seiner jüngsten Tochter, zu seiner Freude wuchs sie heran, und wurde bald der Liebling aller die Sie kannten, denn Sie war verständiger geworden und hatte die tollsten Streiche abgelegt.[10]

Des Vaters Tod hatte Sie vollends noch verändert er hatte Sie zur ernsten Jungfrau gemacht, denn sein Tod war wie ein Blitz aus hellem Himmel gekommen, und hatte die Familie, unvorbereitet getroffen. Ein Schlagfluß hatte das Leben des besten der Väter geendet. Jetzt war das gute Lied aus in Müggenburg, und die Trauer=Melodien begannen sich hör und fühlbar zu machen.

Der Vormund der minderjährigen Dorette ein Eigennütziger, habsüchtiger und gefühlloser Mensch, suchte die Vormundschaft zu seinem Vortheil auszubeuten, und so ging es statt vorwärts rückwärts. Der Rittmeister Fricke, und der General v. Ulmenstein waren schon vor des Vaters Tode gestorben; Schaedtler war Lahm und Taub geworden; durch die Eisenbahn war der Müggenburg eine Haupt Erwerbsquelle abgeschnitten – kurz das Unglück schien die schwergeprüfte Familie zu verfolgen und in fortwährender Trauer zu erhalten.

In dieser Periode trafen wir in Müggenburg ein um unsern Wohnsitz für einige Monate dort aufzuschlagen, drei Zimmer wurden gemiethet welche ein Bauführer und ich, gemeinschaftlich bewohnten. Der Wirth, ein äußerst gutmüthiger und gebildeter Mann, aber taub und Lahm –, ist kein besonderer Gesellschafter; die Frau hingegen eine tüchtige Wirthin, resolut, und in Folge der Lahm= und Taubheit des Mannes das Comando führend, ist weniger zu unterhaltungen geneigt, da ihr bei beaufsichtigung des großen Hauswesens wenig zeit zum Plaudern übrig bleibt, so wäre es in der That ziemlich einsilbig in Müggenburg gewesen wäre nicht zur selben Zeit mit uns eine entfernte Verwante gekommen, um der Frau des Hauses die Wirthschaft führen zu helfen; Sie besorgt die Küche, und versteht es, ein schmackhaftes und derbes Mahl herzurichten, und nebenbei auch unsere Aufmerksamkeit auf sich zu ziehen, indem Sie nicht alleine schön –, sondern auch eine angenehme Gesellschafterin ist. Betti ist wirklich schön zu nennen und verbindet mit ihren angenehmen Äußeren, jene schwärmerischen Blicke, die so sehr gefährlich für junge Männer sind, dabei sehen wir nur zu bald das Sie Leichtsinnig ist, zugleich wird Sie von der schwersehenden Frau

---

[10] Der Begriff „Schottländer" war damals gebräuchlich für in Schottland lebende oder von dort stammende Menschen. Schotten genossen damals den Ruf, wegen ihrer Sparsamkeit oder auch ihrer Armut ohne Schuhe oder Strümpfe zu gehen. Frauen sollen längere Wege zur Kirche barfuß zurückgelegt haben und erst unterwegs am letzten Bach ihre Toilette (Reinigung) gemacht haben. (Zeitung für die elegante Welt, Leipzig, bei Georg Voß, 2. August 1806, S. 740.)

des Hauses durchschaut und sofort entlassen. Es ist doch schade, dachte ich bei mir selbst, eine eben begonnene Bekanntschaft – so schnell wieder abgebrochen zu sehen, allein in jenen Jahren setzt man sich leicht über derartige Bekanntschaften hinweg und so auch hier.

Inzwischen war Dorette von einem Besuche in Celle nach Hause gekommen, und Johanne welche mit Dorette, der Schwester Caroline den Haushalt führen halfen, machte mich mit ihrer jüngeren Schwester Dorette bekannt. Das erste Mal in meinem Leben, empfand ich etwas, was ich mir in den Augenblicke nicht erklären konnte –. Ich hatte eben mein achtzehntes Lebensjahr überschritten, doch war ich schon Männlich und stark, und ein im Entstehen befindliches Schnautzbärtchen versuchte den sonst Bartlosen Gesicht ein männliches Aussehen zu geben. So stand ich zum erstenmale Doretten gegenüber kaum im stande die gewöhnliche Begrüßungsformel hervorzustottern eine purpur röthe im Gesicht, und endlich so schnell als es mir der Anstand erlaubte auf mein Zimmer eilend um hier ebenfalls ohne Kopf – hin und herzugehen.

Was war es was mich so in Verlegenheit brachte, was mich aufregte und nicht ruhen ließ was mir den Schlaf raubte, und mich fast unfähig machte, meinen Geschäften die gebührende Aufmerksamkeit zu widmen, war es die Liebe? Das kann doch nicht sein, das wäre ja lächerlich! wenn ein achtzehnjähriger Jüngling, ohne Vermögen ohne Stellung in der Welt, sich überhaupt schon mit Liebes Gedanken herumtragen wollte, und dadurch, statt seine Geschäfte zu besorgen, seine Carriere ruiniren würde.

Und doch war es so! seit ich Dorette gesehen, war mein Herz nicht mehr mein. Sie war damals siebzehn Jahr alt und war in ihren einfachen Traueranzuge und ernsten Gesichtchen dabei, noch schöner als wäre Sie in heiterster Stimmung und in Gold und Seide gewesen. Sie war schön, Sie war mein Ideal; und alle Vernunftgründe womit ich mich abquälte und alle Versuche das kleine Herzchen zu beruhigen waren vergeblich, Dorette war nie mehr aus meinen Herzen zu verbannen, und so nahm ich eines Sonntags die passende Gelegenheit wahr; indem Johanne, Dorette und ich allein waren, und annähernd, über Freundschaft! gesprochen hatten, mit der feierlichen Erklärung heraus zu rücken, das ich den „festen Entschluß" gefaßt hätte: Nie eine Andere zu lieben –.

Wer beschreibt das Wonnegefühl eines achtzehnjährigen Jünglings, wenn ihm seine Auserkohrene den ersten Kuß giebt, als Antwort auf seine Liebeserklärung. Wer aber wollte es glauben, das ich bei allen vermeintlichen Glücke, doch eine gewisse Schwermuth nicht unterdrücken konnte. Und dennoch war eben diese Stimmung eine ganz natürliche Folge der Verhältnisse. Denn wenn ich vor meinem fünf und zwanzigsten Jahre nicht angestellt werden konnte, so mußte ich also noch sieben Jahre warten, und in diesen sieben Jahren konnte sich vieles verändert haben; auch machte ich mir oft genug Vorwürfe, und versuchte einen Ausweg aus diesen streitenden Gefühlen zu finden, aber vergebens.

Bis zu dem Tage als ich Dorette zum ersten male sah, hatte ich eigentlich noch nicht recht gewußt was Liebe war –. Aber seit ich Sie gesehen, war ich wie umgewandelt; Sie hatte einen unnennbaren Eindruck auf mich gemacht, und ob-

gleich ich noch so jung war, so schien es mir am Ende doch sehr gut möglich zu sein, das wir uns bis zu meiner Anstellung, treu bleiben würden, obschon dieselbe noch in weiter Ferne war; denn ich liebte Sie ja über alles, Sie war ja mein Ideal, Sie war meine erste Liebe, Sie sollte auch meine letzte sein; das gelobte ich mir jetzt heilig und theuer, nachdem ich vergebens mit Vernunftsgründen gegen meine angekämpft und nie hat wohl heiligere und reinere Liebe in der Brust eines Menschen gewohnt. Daher war es ganz natürlich, daß ich, gleiche Gesinnungen bei Dorette voraussetzend, nicht daran zweifelte, das Sie mir treu bleiben würde. Dorette hingegen, hatte die Sache nicht von so ernster Seite angesehen; wohl liebte Sie mich, wohl hatte Sie mich in ihren Herzen als treuen Freund willkommen geheißen, in dem Hause der Eltern, denn jetzt war Sie ja beinahe eine Fremde dort –, seitdem Sie den theuersten Freund, den besten der Väter verloren, fühlte Sie sich ganz unglücklich, und eines neuen Freundes bedürftig; ob aber jemals eine Verbindung, und zwar, aller Wahrscheinlichkeit nach, erst nach Jahren zu stande kommen konnte oder würde, daran hatte Sie nie gedacht; dazu war Sie auch noch zu jung –.

Inzwischen hatte sich mein Verhältniß zu den übrigen Mitgliedern der Famielie (sic!) immer freundlicher gestaltet. Ich war der gern gesehene Gesellschafter aller, da ich manchen Schwank und manches Liedchen singen konnte, und da schon jetzt, vor eröffnung (sic!) der Eisenbahn, „stille Einsamkeit" eine „Hauptzierde" der Müggenburg war. Johanne war in unser Verhältniß eingeweiht denn Sie war ja gleichsam Zeugin unseres gegenseitiges Geständnisses gewesen, und hegte die freundschaftlichsten Gefühle gegen mich, Caroline oder Frau Schaedtler billigte unser Verhältniß mindestens indirect, so viel wuste ich, nur die Mutter durfte es unter keinen Umständen erfahren; und so musten wir es oft listig anfangen, um uns nur sehen und sprechen zu können und keinen Verdacht zu erregen, das wir uns einander gut seien. Doch die Liebe ist erfinderisch, sie hatte den Pfeifenkopf in der langen Pfeife zum Briefträger gemacht, denn wenn ich Abends zu Hause kam, und meine Pfeife rauchen wollte, dann fühlte ich ja erst ob Taback darin sei, und muste unbedingt den Zettel finden, den Dorette oder Johanne hinein gesteckt hatten; um mir anzuzeigen, daß Sie da oder dort zum Besuch seien, und gern sähen, wenn ich Sie wiederhole; natürlich hatten die Zettel immer den gewünschten Erfolg. Abends und Sonntags gingen wir im Garten spatziren, um auch die beredte Blumensprache zu studiren und uns durch sie der ewigen Liebe und Treue zu versichern, da wir ja so wenig unbeachtete Zeit hatten, uns auch nur freundlichen anzusehen.

So war der Sommer vergangen, und unsere Bauten in der nähe der Müggenburg, naheten sich ebenfalls ihrer Vollendung. Unsere nächste Station war über eine Stunde entfernt, und da der Bauführer lahm war, und so nahe als möglich bei den Bauplätzen wohnen muste, so ward beschlossen nach Adelheidsdorf überzusiedeln. Mit blutenden Herzen wurden die Sachen gepackt, und die liebe Müggenburg verlassen; doch hatte ich noch fast täglich einmal unsere noch nicht vollendeten Bauten zu besuchen und benutzte dieses dann ebenfalls zu einem Besuche in Müggenburg. Anfangs war ich dort noch immer gern gesehen, doch bald hatten meine Feinde, (und welcher Mensch hat nicht seine Neider,) und Dorettens Mutter es dahin gebracht, das Sie mich kalt empfing, ja sogar oft, wenn Sie durch die Magd sagen ließ, Sie sei nicht zu Hause. Ich war dann oft bei schlechten Wetter den weiten Weg hergekommen, und muste ohne Sie nur gesehn zu haben, wieder nach Hause gehen.

Die Hannoverschen Staatsbahnen legten von Anfang an großen Wert auf die Sicherung der Wegübergänge. Bereits 1845 gab es auf der Strecke Lehrte-Celle an allen Wegübergängen eine Sicherung mit so genannten „Barrieren". Jeder Bahnwärter hatte eine oder mehrere solcher Barrieren zu bedienen, die fünf Minuten vor der voraussichtlichen Durchfahrt geschlossen sein mussten. Hier ein Foto des Schrankenwärters Otto Höfermann in Posten 13 (Auestraße, Adelheidsdorf) um das 1920. Zu diesem Haus, das heute unter Denkmalschutz steht, gelangten Carl Wippo und der Bauführer über einen direkten Weg, der an der Müggenburg vorbeiführte. Foto: Ursel Ottenberg

Im neuen Logies in Adelheidsdorf waren ebenfalls zwei erwachsene Töchter, und dieses hatten meine Neider sofort benutzt, um mich bei Dorette zu verdächtigen, als hätte ich dort neue Liebschaft angeknüpft; theils glaubte Sie es, theils auch nicht.

Aber die Hauptursache ihrer Kälte und Zurückgezogenheit war Dorettens Mutter und die beiden älteren Schwestern, welche unser Verhältniß erfahren, und Ihr daher die Hoffnungslosigkeit ihrer Liebe vorgestellt, und zugleich den Standpunkt klar gemacht hatten welchen ein unbemittelter Handwerker, jetzt an der Eisenbahn eine untergeordnete Stelle bekleidender, und noch dazu so junger Mann einnehmen. Natürlich hatten solche dringende Vorstellungen schwesterlicher Seite, und die wohlmeinenden Ermahnungen mütterlicher Seite den gewünschten Erfolg; auch schien das Sprichwort „Aus den Augen aus den Sinn" hier, wenn auch nur momentan, seine Anwendung zu finden; denn da ich bis dahin noch nichts von alledem erfahren hatte, so ging ich noch fortwährend nach der Müggenburg, um dort zu frühstücken, oder mir einen Regenschirm zu leihen, wenn die Sonne schien – um dann doch einen Vorwand zu haben, und wiederkommen zu können; bei diesen Besuchen fand ich denn mehreres aus, wie oben beschrieben, und fand auch zugleich das Dorette nicht anders handeln konnte, als Sie that, nämlich das Sie ihrer Mutter gehorchte, mir aber dennoch herzlich gut war, aber dieses so viel wie möglich zu verbergen suchte, selbst vor mir, um nach keiner Seite anzustoßen –. So wurden die Besuche immer seltener, denn nachdem ich den wahren Sachverhalt erfahren, war es mir nicht lieb, mit einigen Personen der Müggenburg zusammen zu treffen, und endlich waren auch die Bauten bei Adelheidsdorf fertig, und wir wurden wieder nach Celle versetzt, und zwar an die Nordseite der Stadt, von wo wir Niemanden von der Müggenburg hörten und sahen.

Inzwischen hatte ich erfahren, das Dorette auch nach Celle gekommen sei, um das Kochen zu lernen allein ich wagte es nicht, Sie zu besuchen denn erstens war Sie in einem großartigen aristocratischen Hause, wo Sie mich allein doch nicht sehen konnte, und zweitens war unser Verhältniß in der letzten Zeit derart gelockert, das eine Annäherung von meiner Seite nicht gut thunlich war. Dennoch ging ich fast täglich vor ihrem Hause vorbei, um Sie wo möglich einmal zu sehen; allein vergebens bis endlich eines Abends, als ich nichts ahnend, die Straße daher komme, Dorette mich begegnet; welch' eine Freude war es für mich! Auch schien es Ihr nicht unangenehm zu sein; allein auch jetzt konnten wir uns nicht gegenseitig aussprechen, denn zwei Nichten begleiteten Sie; doch nahm ich mir die Freiheit Sie nach Hause zu begleiten, und wurde in der Nähe desselben, mit einem gewöhnlichen „gute Nacht" doch auch warmen Händedruck verabschiedet; dieses war das einzige und auch letzte mal, das ich Dorette sah, so lange ich in Celle war.

Der Winter von 1846 war sehr gelinde gewesen fast kein Schnee und kein Eis hatte sich sehen lassen, im Februar blüheten die Bäume in vielen Gegenden und der Brücken=Bau konnte daher ungestört fortgesetzt werden; daher waren unsere Bauten früher fertig als wir im vorhergehenden Herbste geglaubt hatten, und mit dem Frühling kam daher auch unsere Versetzung nach einem neuen Bauplatze. Dieses mal aber durchaus nicht nach meinem Geschmack, denn wir musten weit in die Lüneburger Haide wandern, und dort unweit Uelzen neue Brücken bauen.

Mit schweren Herzen schieden wir von Celle, denn wir wusten nicht, was für Menschen und Logies wir dort finden würden, während wir in den lieblichen Celle durch die beste Umgebung und den besten Comfort überhaupt verwöhnt waren; allein was half's? wir musten fort, und fort ging's eines schönen Morgens, mit einen bekannten alten Lohn=Kutscher der uns den Weg, welcher sehr langweilig war, durch seine vielen lustigen Streiche, welche er uns aus seinen jüngeren Jahren erzählte, auf die bestmöglichste Weise verkürzte. Spät Abends kamen wir endlich in dem Orte unserer Bestimmung an. Hier fanden wir es denn doch besser, wie wir anfangs geglaubt hatten, denn auch in der vielgeschmäheten Lüneburger Haide giebt es gut und fruchtbare Länderstrecken, und gute und brave Menschen.

Nicht lange und wir waren auch hier wieder zu Hause, denn es war ja einmal unser Loos ein wanderndes Leben zu führen, und der Mensch gewöhnt sich ja an alles; auch sollte, so hoffte ich, die Einsamkeit dazu beitragen, das ich jetzt ganz meinem Berufe leben könne, und jene unglücklichen Liebesgedanken vergessen würde, die meinen Geist nur zu viel beschäftigt hatten. Auch fehlte es hier nicht an Arbeit, denn wir hatten hier mehr Bauplätze zu beaufsichtigen als irgendwo zuvor; doch hatte ich auch manche müßige Stunde, welche ich gewöhnlich benützte um mich im Reiten zu üben, indem ich oft meilenweit in die Haide hinein ritt, und spat Abends erst wiederkehrte. Auch fütterte ich einen jungen Raben groß, welchen ich gewöhnte, mich zu begleiten wie ein Hund; kurz ich trieb allerlei kurzweil und es schien fast als ob ich mit Erfolg jenes Bild von der Müggenburg aus meinem Herzen verdrängt hätte; doch dann ertappte ich mich desto öfter wieder bei den Gedanken an Sie und ich muste mir gestehen das ich doch eigentlich nicht festhalte an meinem Vorsatze.

Dann kam die Hoffnung auch wieder dazu, mit ihren hochfliegenden Plänen, und zeigte mir eine angenehme und gute Stelle; und meine Jugendträume ließen mich alsdann schön uniformirt vor Sie hintreten und meinen „festen Entschluß" nochmals wiederholen. Aber das Alles war Rechnung ohne den Wirth, wie wir später sehen werden.

Im Spätherbst waren unsere Bauten fertig, und wir hatten das Vergnügen an die Hannover=Mindener Bahn versetzt zu werden, und zwar nach den großen Wunstorfer Bahnhofe.[11]

Durch ein unharmonisches Zusammenwirken unserer Vorgesetzten kam es, das mein Platz welchen ich dort bekommen sollte schon besetzt war; und da es ohnehin schon zu frieren begann (sic!) so ging ich für die Wintermonate einstweilen zu meinen Eltern nach Peine, und erwartete dort beim beginn (sic!) des Frühlings meine Zurückrufung an meinen mir gehörenden Platz, welche auch zur Zeit erfolgte. Hierbei muß ich bemerken daß Vater und Bruder schon längere Zeit wieder von der Eisenbahn abgegangen waren und mit den ersparten Gelde das Geschäft wieder tüchtig hergestellt hatten, Vater konnte seines Alters wegen doch nicht angestellt werden, und Bruder August hatte doch mehr Lust zur Sattlerei als an der Eisenbahn zu sein. Auch ich half in diesen Winter wieder am Geschäft, und machte zugleich mein – „Gesellenstück", um auf alle Fälle vorbereitet zu sein. Inzwischen hatte uns ein uns befreundetes junges Mädchen aus Hannover einen Gruß gebracht von Frl. Meyer von der Müggenburg nebst Addresse (sic!), ich hatte das junge Mädchen nicht selbst gesprochen, wußte also nicht wer in H. sei glaubte jedoch ganz bestimmt, es sei Dorette und erwartete daher mit der größten Ungeduld meine Anstellung von Wunstorf, welche täglich kommen mußte, um alsdann bei meiner Durchreise, endlich einmal meine Dorette

---

[11] Der Bau der Bahnen von Hannover nach Minden und von Wunstorf nach Bremen wurde im Frühling 1846 begonnen. Vom Frühjahr 1843 bis Herbst 1848 errichtete der Bauführer und spätere Konsistorialbaumeister der Hannoverschen Landeskirche Conrad Wilhelm Hase (1818-1902) nach den Entwürfen des Schinkel-Schülers Ferdinand Schwarz (1808-1866) die Bahnhöfe in Lehrte (erster Bahnhof im Königreich Hannover), in Celle und (1846-1848) in Wunstorf.

wiederzusehen und mir die Gewißheit zu holen, das Sie mich noch liebe –. Da eines Morgens kommt das Schreiben von Wunstorf, und am Nachmittag bin ich schon unterwegs. In Hannover begebe ich mich sofort zu dem bezeichneten Hause aber, welches Wiedersehen? nicht die ich sichte fand ich, sondern Johanne, die altere Schwester, und unsere beiderseitige Ueberraschung muß nicht wenig gewesen sein, da wir uns fast mehrere Minuten sprachlos gegenüber standen; doch die Freude einmal Jemanden von der lieben Müggenburg nach so langer Zeit wiederzusehen gab mir die Sprache wieder, und es wurde in der Eile ziemlich viel von der Müggenburg gesprochen, auch Dorette ward erwähnt aber nur flüchtig, und bald empfahl ich mich, das Versprechen gebend, recht bald wiederzukommen, denn auch Johanne war mir lieb und werth, Sie war ja Zeuge unserer ersten glücklichen Stunden gewesen, und war eine liebe Schwester; so kam es denn, daß ich nur zu gern nach Hannover fuhr um meine freien Sonntage in ihrer Nähe zu genießen. Die Züge gingen damals schon regelmäßig und konnte man von Wunstorf Mittags um ein Uhr nach Hannover fahren, und Abends um Sieben Uhr wieder zurück.

Zudem hatte ich freie Fahrt; so fuhr ich denn mehrere Sonntage nacheinander hinüber zu Johanne, um doch mit ihr über Dorette sprechen zu können, und von ihr zu erfahren wo Sie sei allein dieses Thema schien mir vermieden zu werden; zwar sagte mir Johanne, daß Dorette in Hof Stixe an der Elbe sei, um den Haushalt zu erlernen, das es aber nicht rathsam sei, an Sie zu schreiben, indem Sie meine Briefe doch nicht erhalten würde, und auch nicht antworten dürfe.[12] *Zudem lenkte Sie das Gespräch gern auf andere Gegenstände, und schien namentlich mit Vorliebe von meiner Carriere an der Eisenbahn zu sprechen, und mich darauf aufmerksam zu machen daß es auch für mich möglich sei, jetzt schon eine Stelle zu bekommen, und zwar eine gute, wenn man nur gute Fürsprache habe; und diese könne Sie mir verschaffen. Sie habe nämlich eine Cousine welche an einen hochgestellten Beamten der Eisenbahn verheirathet sei; dieselbe habe ihr schon oft gesagt, das Sie nichts sehnlicher wünsche, als das auch Sie an einen Beamten der Eisenbahn verheirathet sein, und neben Ihr wohnen möge. Wie schön würde das sein, hatte die Cousine gesagt, und was für Pläne hatten die beiden Frauen wohl schon verabredet! und da Sie sehe, das ich zu blöde sei, um mich Ihr gegenüber auszusprechen, so nehme Sie sich die Freiheit, mir diesen Vorschlag zu machen. Der Cousin würde mir eine Stelle verschaffen die gewiß meinen Wünschen entsprechen würde. Um diesen Pöan auszuführen, hatte Sie es verstanden, mich auf das Wetter aufmerksam zu machen welches an den Nachmittage so angenehm sei, das man unmöglich im Hause sitzen könne, und so war es Ihr leichter gewesen, während Sie an meiner Seite ging mir diesen Plan vorzulegen. Aber wie erschrak ich, als Sie mich damit bekannt machte; so etwas hatte ich nicht erwartet.*

Ich hatte Johanne besucht wie ein Bruder seine Schwester besucht, und hatte durch Sie eine Wiedervereinigung mit Dorette zu erzielen gehofft, und nun gar

---

[12] Stixe war damals (1847) ein Dorf und Vorwerk im Amt Neuhaus mit 13 Häusern, eingepfarrt war das Dorf in Kaarßen mit seiner klassizistischen, im Jahr 1842 erbauten Kirche. Stixe war in juristischen Dingen der Justizkanzlei Celle unterstellt.

dieses –, das kam wie ein Blitz aus heiterem Himmel; und nicht wissend, was ich eigentlich darauf antworten solle, finde ich doch zuletzt eine Antwort welche darin besteht, das ich Ihr erkläre, daß diese Frage zu wichtig sei, um sie sogleich zu beantworten und wohl verdiene mit reiflicher Ueberlegung behandelt zu werden, daher bäte ich mir einige Tage Bedenkzeit aus, und würde Ihr innerhalb zweier Tage darüber schreiben. Eine solche Antwort hatte Johanne freilig nicht erwartet, allein der feierliche Ernst mit dem ich dieselbe gab, war genügend, um jede weitere Erörterung überflüssig zu machen. Wir kehrten daher auch bald zurück, und Johanne eilte zu ihrer Cousine, wahrscheinlich um derselben das Resultat unserer heutigen Zusammenkunft zu überbringen, ich begleitete Sie noch vor das Haus ihrer Cousine, und – sah Sie niemals wieder.

Jetzt stand ich um eine Antwort verlegen da. Was sollte ich Ihr sagen oder was schreiben? Der Fall war mir so unerwartet, und unvorbereitet gekommen, daß ich in den ersten Augenblick beschloß, denselben meinen Eltern vorzulegen und ihren Rath darüber einzuholen; obgleich ich ~~bei mir~~ *selbst nicht daran dachte, Johanne's Vorschlag anzunehmen. Ich fuhr daher schon mit dem nächsten Bahnzuge nach Peine und erregte dort nicht wenig Erstaunen, als ich unangemeldet und mit solcher Neuigkeit ankomme.*

Nach Beendigung meiner Erzählung, erwiederte jedoch der Vater ganz ernst, „Carl, das darfst du nicht thun"! Das würde kein gutes Ende nehmen. Du thust am besten wenn du ihr einen artigen liebevollen Brief schreibst und ihr alles auseinander setzest. Nachdem er ausgesprochen, sagte ich ihm daß ich dies alles schon beschlossen habe und darum hier sei es auszuführen, zugleich aber auch seine Meinung und überhaupt beider Eltern Meinung darüber zu hören. Ich schrieb nun einen langen und ernsten Brief an Johanne worin ich ihr auseinandersetzte, warum ich dort eigentlich gekommen sei, und daß ich als rechtlicher Mann, das halten müsse, was ich einmal gelobet. Ich hätte einmal den „festen Entschluß" gefaßt: Nie eine Andere zu lieben, und würde dieses auch halten, selbst wenn Dorette ihr Wort nicht hielte – hierauf erhielt ich einen etwas entrüsteten Brief, etwa als ob ich Veranlassung zu diesen Auftritt gegeben hätte und mich jetzt aus der Affaire ziehen wolle. Das Schreiben schloß damit das Johanne mir das Vergehen? verzieh, indem Sie es meiner Jugend zuschreiben wolle –.

Später war Johanne einmal zum Besuch in Müggenburg gewesen, und hatte dort erzählt, das Sie wisse, das ich noch immer an Dorette denke und noch immer hoffe –

In Wunstorf ging alles seinen gewohnten Gang und [und] da die Bauten dort so umfangreich und großartig waren, so konnte es noch mindestens zwei Jahre dauern, ehe der Bahnhof vollendet war, und wenn derselbe fertig war, so war die Aussicht das wir nach Ostfriesland kamen um dort ebenfalls Eisenbahnen zu bauen doch es kam anders, denn mit dem Frühling 1848 kam die Revolution, und jetzt war es sehr wahrscheinlich, daß der Eisenbahnbau für's erste suspendirt werden würde. Die ganze Welt war in Aufruhr jede Stadt ja jedes Dorf hatte seine Revolutionen, nur Wunstorf war ruhig, und nichts störte diese melancholische Ruhe als die Durchzüge des Militairs die hier und dorthin dirigirt wurden um Ruhe und Ordnung aufrecht zu erhalten. Die Ereignisse drängten sich so, daß jeder Tag neues brachte, und die Menschen in fortwährender Aufregung und Spannung erhielt. Alles andere war vergessen oder doch nur Nebensache, nur die Politic war die Hauptsache. Da erhalte ich auf einmal ohngefähr mitte Mai 1848 folgenden Brief:

Müggenburg Mai 1848.

Lieber Carl!

Gewiß ist es schon längst unser beiderseitiger Wunsch gewesen, uns einmal wiederzusehen; hierzu haben wir jetzt Gelegenheit, da meine Mutter in Celle bei der Ulmenstein ist, und Sie daher ungehindert hier her kommen können. Auch ist Ihnen ein freundlicher Empfang von meinen Schwager und Schwester gewiß.

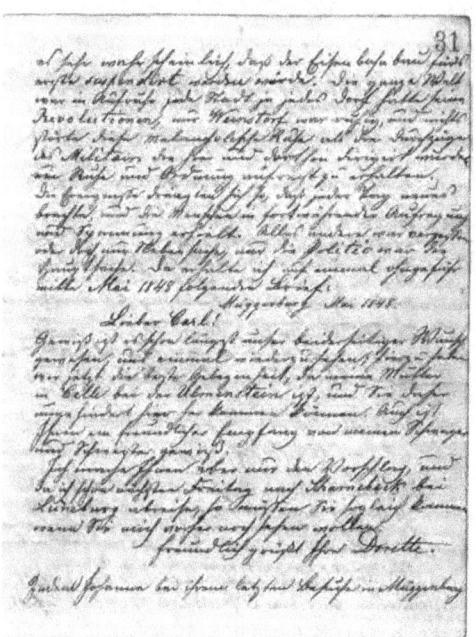

Ich mache Ihnen aber nur den Vorschlag, und da ich schon nächsten Freitag nach Scharnebeck bei Lüneburg abreise, so müssen Sie sogleich kommen wenn Sie mich vorher noch sehen wollen.

Freundlich grüßt Ihre Dorette.

Indem Johanne bei ihrem letzten Besuche in Müggenburg an Dorette und Caroline erzählt hatte daß ich mich so angelegentlich nach Sie erkundigt hätte, und noch immer Glaube – Liebe – und Hoffe –, so hatte Dorette, aufgefordert von Caroline, den obigen Brief an mich geschrieben, und da Sie nicht gewußt wo ich sei, hatte Sie den Brief nach Peine gesand durch diesen Umweg nun kam derselbe erst am Freitag mittag in meine Hände.

Welche Ueberraschung für mich, wie war ich so freudig erregt, einmal wieder nach zwei langen Jahren die mir bekannten lieben Schriftzüge meiner Dorette zu sehen, aber o Jammer Sie war ja schon wieder abgereist, selbst wenn ich sofort abfuhr, kam ich doch zu spät nach Müggenburg. Allein nach kurzen Bedenken entschloß ich mich dennoch hinzureisen um wenigstens aus der Schwester Munde zu erfahren, ob Dorette mich noch liebe, und wo Sie sei, um dann mit ihr wieder in Briefwechsel zu treten, zugleich zog es mich mit unwiederstehlicher Gewalt nach der lieben Müggenburg; und in weniger als einer Stunde fuhr ich schon mit Dampfeseile meinem Ziele entgegen. Ach wie langsam fuhr der Zug, und wie lange wurde heute bei den Stationen angehalten; da endlich steige ich bei der letzten Station aus, aber ich habe noch eine halbe Stunde zu gehen, und daher werden meine Schritte verdoppelt, denn eine leise Ahnung sagte mir zugleich daß Dorette noch nicht abgereist sei und wirklich war es so, Sie hatte Briefe erhalten nach welchem Sie erst nach den Pfingstfeiertagen dort eintreffen solle. Es war fünf Uhr Nachmittags als ich mich der Müggenburg näherte, und mit großen hastigen Schritten in die Gast=Stube eintrat.

Es war Niemand im Hause als ein kleines Mädchen und als ich eben fragen wollte ob Dorette noch zu Hause sei kam Sie schon in die Thür. Sie war gegenüber bei Einnehmers gewesen, und hatte sich über die großen Schritte gewundert, welche der ankommende Fremde nehme; bis Sie mich zuletzt erkannt hatte.

Das Wiedersehen war, wie das zweier Bekannte deren Freundschaft nicht gerade sehr intim war; nämlich kühl. Dorette erwartete natürlich ein Entgegenkommen von meiner Seite, und ich von ihrer Seite; da ich nicht wußte wie Sie gesonnen sei und schon einmal einen ganz anständigen Korb von Ihr erhalten hatte. Doch nicht lange blieb die eisige Rinde um unsere Herzen, das Feuer der wiedererwachenden Liebe schmolz es nur zu bald; und wieder waren wir vereint, wieder waren wir glücklich und gingen wie ehemals Arm in Arm in den schönen Garten um dort ungestörter die Betheuerungen der Liebe und Treue uns gegenseitig zu wiederholen; auch hatten wir uns ja nach so langer Trennung so manches zu erzählen, was nur uns interessirte.

Von Schwester und Schwager Schaedtler wurde ich auf das freundschaftlichste empfangen und bewirthet. Nun hatte ich nur einen Tag Urlaub erhalten können und muste daher schon am nächsten Morgen mit dem ersten Zuge abreisen.

Welch' kurzes Glück! –. Doch die Pfingstfeiertage waren ja schon so nahe, und dann hatte ich ja mindestens zwei Tage zu meiner Verfügung. Die Stunden vergingen mit Blitzesschnelle und die Trennung welche nicht aufzuschieben war, ließ uns nicht schlafen, und so saßen wir Arm in Arm fest umschlungen, fast die ganze Nacht, kaum eines Wortes mächtig nur von heiliger, reiner und inniger Liebe durchglüht, und tausend Küsse besiegelten unsern eben wieder geschlossenen Bund –.

Am folgenden Morgen war der Abschied nicht so schwer, indem ich in zehn Tagen zurückkommen wollte, um die Feiertage in Müggenburg zu sein. Während dieser Zeit, welche nebenbei gesagt, ungeheuer lang war, wurde die Post ziemlich belästigt. Endlich kamen denn die ersehnten Feiertage, und auf den Flügeln der Liebe, eilte ich wieder dahin, wo mein einziges Glück, wo mein Himmel war, und wo Liebe und Freundschaft meiner warteten.

Der Empfang war dieses mal ein ganz anderer und die schönen Pfingsttage des Jahres 1848 gehören zu den glücklichsten meines Lebens, die Natur schien gleichsam unsere Wiedervereinigung mit zu feiern, und mehr als einmal dachte ich an Schillers Worte: O daß Sie ewig grünen bliebe, die schöne Zeit der jungen Liebe! Alle schönen Plätze im Garten, im Felde und Wiesen wurden nochmals durchwandert und zugleich Abschied von Ihnen genommen, denn morgen sollte es ja wieder geschieden sein.

In den kleinen Garten vor dem Hause unter der großen Linde wurde gegessen, und nach dem Essen behaglich geraucht und geplaudert, denn das Wetter war zu herrlich und einladend als daß man im Hause hätte bleiben können. Dorette und ich waren glücklich, denn wir liebten uns aufrichtig und lebten in der festen Hoffnung das nichts uns wieder trennen solle. So waren die beiden Festtage im raschen Fluge vorüber gezogen und die bittere Trennungsstunde rückte immer näher. Was war es was mir die Brust so beengte, was mich folterte und quälte je näher die Abschiedsstunde heran kam? war es nur der Abschied von den theuersten was ich hatte, oder war es schon eine Vorahnung einer baldigen zweiten Trennung? Es war mir als sähe ich Dorette heute zum letzten male. Zwar sah Sie mich so treu, so liebevoll ins Auge und doch konnte ich mich des Gedankens nicht erwehren, daß ich Sie vieleicht (sic!) nicht wiedersähe –. Doch es muß geschieden sein, und mit schweren Herzen sagte ich meinen Müggenburger Freunden ein herzliches Lebewohl. Dorette begleitete mich ein stückchen Weges, und nochmals einander ewige Liebe und Treue gelobend, trennten wir uns endlich; und ich schlich traurig allein meines Weges, mehr rückwärts gehend um so lange als möglich meine Dorette sehen zu können. Jetzt war ich zur Station, und fort ging es zurück nach Wunstorf in's Gewühl des Baues.

Auch Dorette reiste nun nach ihrem neuen Bestimmungsorte Scharnebeck bei Lüneburg, und so waren wir eine weite Strecke von einander. Wir schrieben aber desto häufiger, und wäre das so fortgegangen bis zu unserer Verheirathung so hätten wir eine Papiermühle für uns allein arbeiten lassen können.

Die März Revolution von 1848 hatte Deutschland so erschüttert, daß auch die Eisenbahnbauten bis auf weiteres eingestellt wurden, und die Bau=Beamten nach Vollendung der im Bau begriffenen Bahnstrecken verabschiedet wurden. Wie mancher hatte von diesem und jenem geträumt, und wurde jetzt außer Dienst gesetzt, und wußte nun nicht was er ergreifen solle, da in den meisten Fällen die Leute ihre früheren Beschäftigungen, ganz außer Acht gelassen hatten.

So konnte auch ich jetzt zu Hause gehen, und war noch glücklich, ein Handwerk erlernt zu haben welches immerhin ein gutes zu nennen war, obgleich es in Peine durch die große Zahl der Meister für einen so kleinen Ort ziemlich gedrückt war; dieses ergriff ich nun jetzt wieder mit desto größerem Eifer, um zu versuchen, ob nicht auch ohne die Eisenbahn eine Existenz zu gründen sei.

Doch waren wir immer noch nicht verabschiedete, und wirklich kam auch die Order, das wir noch bleiben sollten, und erst alles fertig zu machen, was durchaus nothwendig war um das ganze als vollendet zu betrachten halb willig und halb unwillig blieben wir –

Inzwischen hatte die Betriebs=Beamten des Bahnhofes erfahren, das ich Sattler und Tapezirer sei, und so erhielt ich verschiedene Bestellungen um Meubeln zu machen; und da ich noch zu sehr beim Bau beschäftigt war, so schrieb ich nach Hause, das mein Bruder August kommen möge um die Arbeiten zu machen.

Vater und Bruder hatten nämlich die Eisenbahn schon seit etwa achtzehn Monaten verlassen wie ich schon früher bemerkt habe, und so kam mein Bruder mit allen dazu gehörenden Materialien herüber. Nachdem wir einige Monate gearbeitet, gingen unsere Stoffe zu Ende, indem sich immer mehr Arbeit fand, als wir anfangs erwartet hatten, und daher muste er wieder nach Peine reisen, um das noch fehlende herbei zu schaffen.

Blick auf den „Central-Bahnhof zu Hannover" im Jahr 1851. Der Bau ist wohl nach Vorgaben des Hofbaumeister Georg Ludwig Friedrich Laves (1788-1864) durch den Eisenbahn-Bauinspektor Ferdinand Schwarz (1808-1866) ausgeführt worden. Wiedergabe einer zeitgenössischen Radierung im Verkehrsmuseum Nürnberg. Digitale Sammlung Blazek

An einem sehr warmen Julymorgen geht er von Wunstorf nach Hannover um von dort per Eisenbahn nach Peine zu fahren, im höchsten Grade erhitzt kommt er im Bahnhofe zu Hannover in die Restauration und trinkt ein Glas eiskaltes Wasser und hat gerade noch Zeit genug ein Billet zu lösen, und in den abfahrenden Zug zu springen. Er hatte leider den warnenden Spruch: „Trinkt nicht wenn ihr erhitzt seid" nicht beachtet, und so hatte er sich den Tod getrunken; denn von dem Augenblick an, wurde er krank, und nicht wieder besser; er kam zwar zurück nach Wunstorf und brachte die fehlenden Sachen, allein er konnte nichts mehr davon verarbeiten. Ich nahm sofort den besten Arzt an allein derselbe erklärte mir, daß es höchst gefährlich sei, den Kranken in den frischen Gebäude zu lassen, (ich wohnte nämlich in den Hauptgebäude des Bahnhofes) und das es besser sei ihn wieder nach Hause reisen zu lassen, um dort bei mütterlicher Pflege besser behandelt werden zu können. Ich brachte ihn daher sofort nach Hannover, und setzte ihn in einen Eisenbahnwagen und da er sich stark genug fühlte die kurze Reise nach Peine allein machen zu können, und wünschte ich solle nur wieder zurückfahren, so verabschiedeten wir uns am Eisenbahnwagen –; ich sollte ihn lebend nicht wiedersehen –. Nie werde ich den letzten Blick vergessen, womit er mir nochmals Lebewohl sagte, als ich mich beim Fortgehen nochmals nach ihm umwandte –. Nach seiner Zuhausekunft kam

Vater herüber um die Arbeiten zu vollenden, und reisete dann sofort wieder nach Peine.

Der Bau verzögerte sich auch noch bis 1849. indem erst alles nöthige gemacht werden sollte ehe die Bau=Beamten verabschiedet würden. Gern wäre ich jetzt zu Hause gewesen, denn ich erhielt von Zeit zu Zeit Nachricht über den Zustand meines Bruders welche nicht sehr günstig lautete; allein ich konnte nicht sehr wohl nach meinen eigenen Willen abgehen, wenn ich mir nicht die ganze carriere verderben wollte. Zudem war es schon längst in der Famielie beschlossen das wir der Eltern „Silberne Hochzeit" feiern wollten, welche am dreizehnten December 1847. stattfinden sollte. An jenem Tage wollte ich denn gewiß nach Hause reisen, und zugleich meinen kranken Bruder besuchen; von dem man mir schrieb daß er fortwährend kränklich sei –. Ich hatte ja nicht die leiseste Idee, daß er sterben würde, denn er hatte immer eine gute Gesundheit, und zähen Körper gehabt und war in den blühenden Alter von fünf und zwanzig Jahren. Da plötzlich erhalte ich am ersten December Mittags einen Brief von Mutter folgenden Inhaltes:

Lieber Carl!

Willst du deinen Bruder noch einmal sehen so eile! denn sein Ende ist nah!

Deine betrübte Mutter.

Auch jetzt noch konnte ich mir gar nicht denken das es möglich sei, das mein Bruder sterben könne doch reisete ich sofort ab, und war Abends sieben Uhr in Peine. Auf dem Wege vom Bahnhofe nach unserm Hause, begegnet mir ein Nachbar, welcher mich trotz der Dunkelheit erkennt, wahrscheinlich an der Hast mit welcher ich den Weg zurücklege –, und ruft mir zu: „Eile nur nicht so denn du kommst doch zu spät, dein Bruder liegt schon auf dem Strohe." Welch scheußliches Wort! Entsetzen und Schreck lähmen nicht allein meine Zunge sondern auch meinen lauf; nicht weit ist es mehr vom Hause der meinigen, und mühsam und halb unbewußt woran ich eigentlich bin, komme ich endlich an unserm Hause an, noch einen schwachen Schimmer von Hoffnung hegend, allein beim Anblick der Mutter und des Vaters sehe und fühle ich was geschehen –, und nur ein Thränenstrom konnte dem gepreßten Herzen Luft verschaffen. Ich fand die Eltern um zehn Jahre gealtert, und jetzt erst fühlte ich den ganzen Schmerz, und der Vorwurf das ich nicht früher gekommen, da mein Bruder in seinen letzten Stunden noch so viel nach mich gefragt peinigte mich grausam. Allein es war geschehen, und alles Jammern und Wehklagen konnte nichts ändern und nichts helfen.

Jetzt nun war es um so mehr meine Pflicht sobald als thunlich zu Hause zu kommen und den Vater im Geschäfte zu unterstützen. Ich nahm daher meinen Abschied, und ging mit größerem Eifer denn je zuvor wieder an die Arbeit, denn unser Geschäft war ziemlich wieder in Aufschwung gekommen, trotz unserer längeren Abwesenheit. Die theuren Preise der Lebensmittel machten, das Geld vollauf vollirt. Der Winter war bald vergangen.

Ich stand mit Dorette in lebhaften Briefwechsel und hatte die Absicht im Frühling eine Zeit lang in Lüneburg als Tapezirer zu arbeiten, und in ihrer Nähe zu sein; als ich plötzlich von Ihr einen Brief erhielt, welcher mir zum zweitenmale die Gewißheit gab, daß alles fernere Schreiben unnütz und vergeblich sei; zum zweitenmale war mir der Korb gegeben –, ob mit schweren oder leichten Herzen darüber konnte ich mir keinen Aufschluß geben.

Wohl wuste ich, daß Dorettens Mutter und die beiden Schwestern in Celle sobald Sie die Erneuerung unseres Verhältnisses erfahren würden, Sie alles aufbieten würden, um dasselbe zu stören, und Dorette ein für alle mal von einer solchen Verbindung abzulenken. Dieses war jetzt geschehen, und daher ihr Schreiben, welches in der That tief verwundete –.

Ihr Prinzipal war beauftragt worden, ihren Briefwechsel zu überwachen, und nöthigenfalls verdächtige Briefe zu öffnen, denn Sie sollte keine anderen absenden und annehmen als an und von ihrer eigenen Famielie –; daher konnte ich nicht wissen, ob Sie willig oder unwillig diesen Brief geschrieben. Allein ich setzte voraus, daß Sie schon Gelegenheit finden könne, wenn Sie nur wolle, um Briefe von mir zu empfangen, und an mich abzusenden; und witterte daher noch andere Gründe, welche Dorette zu diesem Schritt bewogen haben mochten. Und wenn ich daran dachte, daß Sie vieleicht doch irgend eine Persöhnlichkeit zu diesen Schritt verleitet sei, dann verlor ich beinahe den Glauben an die Menschheit –; denn die Liebe kennt ja der Schwalben luftige Stege. Sie findet Bahn durch Wand und Thurm und Dach.

Nachdem der erste Schmerz vorüber war, nahm ich mir fest vor, Sie vergessen zu wollen, und alles aufzubieten, Sie aus meinen Herzen zu verdrängen allein dieses war keine so leichte Aufgabe, wie ich mir vorgestellt hatte, und es bedurfte längere Zeit, um Sie nach meiner Meinung vergessen – zu haben. Nach längerer Zurückgezogenheit versuchte ich, mich denn auch wieder mehr unter Bekannten und Freunden zu bewegen, und unter diesen Waren auch ganz nette und liebe Freundinnen – welche wohl geeignet waren, meine Aufmerksamkeit zu fesseln, und mancher Anderer würde sich glücklich geschätzt haben, solche vielverheißende Einladungen und solches Entgegenkommen von Seiten der jungen Mädchen zu genießen; nur ich nicht; denn soviel ich mich auch zwang, immer die alte Geschichte, überall schwebte mir das Bild derjenigen vor, welche gelinde gesagt, mir doch so weh gethan, überall drückte es mich Alp und in keiner Gesellschaft war ich daher meines Lebens froh. So ging es einige Jahre fort, das Geschäft war mir die beste Zerstreuung und glücklicherweise ging es auch ziemlich gut; doch allmählich ging es langsamer, und in den Jahren 1850 & 51. ziemlich schlecht –.

Jetzt kam ein Mann von America welcher in St. Louis im State Missouri wohnte, um sich eine Frau aus Deutschland zu holen, und zugleich sein dortiges Vermögen mit hinüber nach America zu nehmen. Derselbe war mehrere male in unserm Hause, indem er die Tochter eines uns sehr befreundeten Mannes heirathete.

Er erzählte uns viel von amerikanischen Verhältnissen, und mit Vergnügen hörte ich ihn unser Geschäft loben, auch sagte er mir rund heraus daß ich ein Narr sei wenn ich Peine bliebe denn in America könne ich in kurzer Zeit als Sattler oder Tapezirer Selbstständig und Unabhängig werden, wozu ich doch in Peine wenig oder keine Aussicht habe, denn eine Stadt mit ohngefähr 6000 Einwohner und zwanzig oder mehr Sattlermeister in derselben mit fast eben so vielen Meisters=Söhne im Alter von zwanzig bis dreißig Jahren, das war denn doch ein bischen zu viel. Zwar war ich zu dieser Einsicht schon lange gekommen, aber ich hatte keinen Ausweg gefunden; denn erstens hatte ich die Kindespflicht: meine Eltern zu unterstützen und womöglich das Geschäft in gutem Gange zu erhalten, obenan gestellt, und gedacht, kommt Zeit kommt Rath, zweitens hatte ich auch wohl schon früher an America gedacht, aber immer eine gewisse Apathie dagegen gehabt, weil ich die Berichte und Briefe von dort für gränzenlose Auschneiderei hielt, was auch in manchen Fällen wie ich später selbst erfahren nur zu wahr war. Allein jetzt kam dieser einfache Mann, der durchaus kein Interesse daran haben konnte, ob ich in Peine oder in America sei; und auf seinen Rath nahm ich mir daher fest vor, sobald als thunlich nach America abzureisen, und selbst zu versuchen was andere so pralerisch beschrieben –.

Meine Idee war, daß: wenn ich es in America nicht so fände, als ich es mir vorstellte und wünschte, so würde ich wieder zurückreisen, und in Peine immer noch früh genug kommen. Nun waren noch zwei Freunde von mir derselben Ansicht, und schlossen sich mir an; der eine ein Handschuhmacher, der andere ein Weißgärber, aber unsere Finanzen waren nicht hinreichend, und so verzögerte sich die Abreise bis October 1852.

Am zweiten October 1852 reisten wir von Peine ab. Beim Scheiden aus der Eltern Hause war die Mutter untröstlich, während Vater und Bruder voll Hoffnung auf ein gelingen meines Vorhabens waren. Die Mutter suchte ich damit zu trösten, das ich Ihr sagte wenn es mir gut ginge, sollten Sie Alle bald nachkommen. Allein Sie erwiderte ziemlich bestimmt: meinen Kopf wirst du in America nicht zu sehen kriegen.

Sie hat ihr Wort nicht gehalten, wie wir später sehen werden, und auch schon nach Verlauf von fünf Monaten! sah ich ihren Kopf; zwar nur im Bilde –.

Ich hatte so ziemlich alle meine Effecten mitgenommen, nur mein Bild, welches mir mein Freund Fritz Braeß, ein junger Anfänger der Kunst kurz vor meiner Abreise gemalt hatte, und welches beiläufig gesagt nicht gerade ganz ähnlich war, und ein Gedicht welches ich in besonders dazu geeigneter Stimmung verfaßt hatte. Ich lasse dasselbe hier folgen.

*Des Jünglings Abschied
vom Vaterhause.*

*Die sich hienieden lieben so innig und so rein
Warum nicht dürfen immer Sie beieinander sein
In der Geliebten Nähe blüht ja allein das Glück
Da ruht das Herz am Herzen da taucht sich Blick in Blick
Da aus bewegter Seele ringt sich empor das Wort
Trägt tönend die Gedanken zu den Geliebten fort
Und ist zum lauten Worte, das warme Herz zu voll
Beredt spricht dann ein Seufzer der tief der Brust entquoll*

*Ja, an des Freundes Herzen, und in der Liebe Arm
Wohl ruht es da so traulich so seelig sich und warm
Und ob auch manche Güter das Schicksal Ihnen raubt
Und ob es schwer belastet mit Schmerz und Noth ihr Haupt
Sie sind ja bei einander Sie halten sich umfaßt
Und einer für den andern trägt gern die schwere Last
Doch oft in ihren Freuden tönt rauh des Schicksals Wort
Von den geliebten Herzen, rufts den Geliebten fort
Noch einmal preßt die Lippe sich auf den theuren Mund
Noch einmal dringt das Auge tief in der Seele Grund
Dann eilt bewegt zerrissen in die Weite fort
Doch seine Selle bleibet an den geliebten Ort.
Im Stübchen reißt er zitternd sich aus des Vaters Arm
Reißt sich vom Mutterherzen das ihn geliebt so warm
Fliehn will er jetzt die Stätte in unnenbaren Schmerz
Da sünkt noch einmal weinend die Schwester ihn an's Herz
Ihr Gram hat keine Worte, Sie blicken Stumm sich an
Sie fühlen nicht die Thräne die Heiß dem Aug' entrann
Noch einen Kuß den letzten, noch einen Liebesblick,
Leb wohl! so tönt es leise, leb wohl! so tönt's zurück
Leb wohl du traute Heimath! du theures Vaterhaus!
Sie eilt zurück in's Stübchen er stürmet Wild hinaus.*

*Heil ihm wenn in der Ferne er stets der Stunde denkt
Wenn er den Blick hinüber recht oft zur Heimath lenkt
Naht der Versuchung Stunde dann tritt der theuren Bild
Die er daheim gelassen, vor seine Seele mild.
Sein Auge schwimmt in Thränen und sehnend schweift sein Blick
zum goldnen Paradiese, der Kindheit dann zurück
Das kräftigt ihn und stärket die schon gesunkne Kraft
Und freudigen Muths besteht er, den Sturm der Leidenschaft
Und sah in schnellen Fluge er Jahr an Jahr entfliehn
Dann grüßen in der Heimath, die theuren jubelnd ihn
Wie da die Augen leuchten in hellem Freudenglanz
Wie da die Herzen schlagen, so hochbeseeligt ganz
Die Trennung ist vergessen mit ihrem bangen Wehen
Sie fühlen nur die Wonne des seeligen Wiedersehen.*

Mein Bruder Albert hatte das Nervenfieber und mit schweren Herzen trennte ich mich daher von ihm, denn es sah bedenklich aus mit ihm; zwar war er am Morgen meiner Abreise aufgestanden, um mir einen letzten Abschiedskuß zu geben, allein er hatte sich gleich wieder legen müssen, und man konnte nicht wissen wie es mit ihm werden würde. Doch hatte seine Jugend Kraft den Sieg davon getragen und er war bald nachher wieder hergestellt. Er war siebzehn Jahr alt, als ich abreisete, und so hoffte ich ihn vor seinem zwanzigsten Jahre auch in America zu haben, damit er dort nicht Soldat zu werden brauche, wenn ich überhaupt in America bleiben sollte –; und würden wir beide dann hier sein, so würde es ein leichtes sein auch die Eltern hier zu haben, und da Sie beide noch rüstig waren, so konnte Vater hier in America noch mehr mit seinem Geschäft verdienen als in Peine; und Mutter konnte nach meiner Meinung noch lange Jahre den Haushalt führen, und bei meiner damaligen Stimmung war das gerade nach meinem Wunsche –, denn ich glaubte nicht das ich mich je verheirathen würde.

Mein Freund Raubold der Handschuhmacher hatte einen Bruder und Schwager in America und zwar in Milwaukee, Wisc. Beide waren schon mehrere Jahre dort, und waren daher nach unserer Meinung die besten Freunde welche uns bei unserm ersten Fortkommen behilflich sein würden und uns mindestens den besten Rath geben würden, wo und was zuerst zu beginnen und daher nahmen wir uns vor direct nach Milwaukee zu reisen. Wir hatten, da wir zusammen bleiben wollten jedenfalls bis Milwaukee, unsere Sachen in eine Kiste gepackt, und nur das nöthigste hatte jeder für sich herausbehalten. Ueberflüssiges Reisegeld war auch nicht vorhanden, und so musten wir sehr oekonomisch zu werke gehen, um nur erst nach America zu kommen.

So begaben wir uns denn am zweiten October 1852. auf die Reise und kamen am folgenden Abend in Bremen an; am 4 October gingen wir zu unseren Schiffs Rheedern und fanden das wir erst am fünfzehnten October in See gehen könnten das war eine lange Zeit zu warten zumal bei der vorgerückten Jahreszeit; allein es ließ sich nicht ändern, indem zu jener Zeit die Auswanderung sehr stark war.

Endlich reiseten wir von Bremen nach Bremerhafen (sic!) und gingen am fünfzehnten unter Seegel. Die Reise war bei ziemlich guten Wetter glücklich von statten gegangen, doch waren wir volle acht Wochen auf den Ocean gewesen.

Die Seereise zu beschreiben wäre überflüssig denn jeder Tag ist sich fast gleich, wenn überhaupt keine außerordentlichen Dinge passiren.

Das einzig bemerkenswerthe war das von 160 Auswanderern 8 starben, darunter ein alter Mann von 70 Jahren, welcher die ganze Reise nichts anderes als Zuckerwasser genossen hatte, er starb einen Tag vor unserer Landung, und sah einer Mumie sehr ähnlich –.

Am elften December 1852. landeten wir in New York und da es schon spät im Jahre war, so musten wir uns beeilen, weiter zu reisen, zumal wir so weit Nordwestlich reisen wollten, und viel per Dampfboot reisen musten. Ich suchte noch am selben Abend Freund Heerlein auf welcher zwei Jahre bei uns als Gehilfe gearbeitet hatte, und sich denn Verheirathet, und sechs Jahre vor mir nach

America gegangen war. Es begann gerade zu dunkeln, als ich in ihrer Wohnung ankam, und als ich in's Zimmer trat und guten Abend sagte erkannte mich Frau Heerlein gleich an der Stimme, trotzdem ich unerwartet kam. Die Freude war beiderseits groß. Auch traf ich H. Kappenberg aus Peine bei Heerleins.

Am dreizehnten Dec. reisten wir weiter, denn wir musten uns beeilen, noch vor Schluß der Schifffarth nach Milwaukee zu kommen; denn die Eisenbahn war damals noch nicht fertig. Doch durch das betrügerische – deutsche – Speditions Geschäft von Rischmüller und Löscher in New York wurden wir derart befördert, das wir sieben Tage zur Reise nach Chicago brauchten und hohe Passagepreise dazu bezahlten; und unterwegs das wenige Geld was wir noch mitgebracht hatten verzehren musten. Endlich in Chicago angekommen finden wir einen Fuß hoch Schnee, und den Hafen eingefroren also die Schiffarth für diese Saison zu Ende.

Was nun anfangen? nach Milwaukee wollten und musten wir hin; und hatten auch bis dorthin unsere Passage bezahlt; allein wir bekamen weder unser Geld retour, noch wurden wir weiter befördert. Unsere Casse war bis auf zwei dollar und fünf und zwanzig Cents zusammengeschmolzen nachdem wir unsere Rechnung in Chicago bezahlt hatten. Da wir also Überfluß an Mangel an gelde hatten, so konnten wir nicht fahren, und ließen daher unsere Koffer in Chicago, um nach den neunzig Miles entfernten Milwaukee zu gehen uns auf Gott und gute Leute verlassend.

Am 21 Dec Nachmittags reisten wir ab, und übernachteten 14 Miles von Chicago in einer Poststation wo wir am andern Morgen einen dollar + zwei und sechzig Cents bezahlen musten; jetzt blieben uns noch acht und dreißig Cents und damit wollten wir, bei Schnee und Regen und Frost und allen möglichen Wetter noch beinahe achtzig Miles reisen, auf schrecklich unwegsamen Wegen und des Weges und der Sprache gänzlich unkundig –. Doch hatte ich mir sagen lassen, wie es auf Englisch heiße, wenn man nach dem Wege frage, und so fanden wir uns denn auch ziemlich gut zurecht. Wir zogen fröhlich unseres Weges, d. h. so fröhlich als es die Umstände erlaubten. Wir kauften uns ein Brod und tranken einmal Wasser.–. Und wie herrlich schmeckte dasselbe –!

Am Abend nach Dunkelwerden klopften wir bei einem Farmer an und baten um ein Nachtlager, allein nachdem der Mann gesehen, daß wir drei Mann hoch dastanden, wollte er uns nicht behalten, zudem war er Americaner und verstand nicht recht was wir wollten, doch ließ er uns zuletzt eintreten, und bedeutete uns, daß wir uns setzen sollten. Dann beorderte er ein Abendessen für uns, und nachdem wir gegessen setzten wir uns um das Kamin in welchem ein ganzer Baumstam brannte. Die Leute hatten Gesellschaft, und wir sahen daher zum ersten male das amerikanische Farmerfrauen und Töchter in Sammt und Seide gekleidet waren, daß Teppiche die Fußböden bedeckten, das Forte Piano's bei den Farmern zu finden seien und dergl. mehr, welches uns nur in unsern Glauben: daß America ein reiches und glückliches Land sei, bestärken konnte. Nachdem der Herr des Hauses sich mit seinen Gästen welche mit uns in der Nähe des Feuers saßen eine geraume Zeit unterhalten hatte, von welcher Unterhaltung ich schon vieles verstand, schenkte er auch uns einige Aufmerksamkeit; und ver-

suchte sich mit uns zu unterhalten. Raubold und Leisticow konnten kein Wort hervorbringen, nur ich erzählte den Leuten unsere Seereise und von Deutschland, worüber Sie sich zu amüsiren schienen, und welches Sie sehr gut verstanden, ich bediente mich natürlich der plattdeutschen Sprache, und so hatte ich mich schon mit Americanern unterhalten! worauf ich sehr stolz war; freilich muß es ganz allerliebst gewesen sein –

Nachdem die Gesellschaft sich entfernt, wurden auch wir zu Bett gebracht, und zwar in ein ganz sauberes, schönes und großes Federbett, worin wir drei gerade Platz hatten; oben im Dache waren freilich einige Löcher, aber das genirte weiter nicht, obgleich wir am andern Morgen einen zoll hoch Schnee auf unserem Bette hatten. Um nicht unverschämt zu scheinen, gingen wir am morgen gleich fort, nachdem wir aufgestanden. Der alte Mann sagte uns freilich wir sollten bleiben bis das Frühstück fertig sei allein wir gingen fort, uns noch viele male bedankend für das was wir schon empfangen.

Der dritte Tag war wohl der schlimmste den ich je erlebt hatte, denn wir kamen jetzt in eine wenig besiedelte Gegend, und die wenigen Farmer welche wir trafen, schienen Irländer zu sein; dazu den ganzen Tag abwechselnd Regen und Schnee und <u>nichts zu Essen</u>. Durchnäßt bis auf die Haut, den ganzen Tag marschiert ohne einen bissen genossen zu haben kommen wir am Abend beim Dunkelwerden an einigen Farmhäusern vorüber, auf unsere Anfrage: ob wir nicht die Nacht dableiben können erhalten wir stets dieselbe Antwort: No Sir. Wieder gehen wir eine Strecke weiter allein ermattet und fast unfähig weiter zu gehen, treffen wir am Wege zwei große Heuhaufen. Leisticow der am meisten ermattet ist, wirft sein Bündel hin, und sagt: ich kann nicht weiter, wir bleiben deshalb da, und versuchen, uns ein Nachtlager zu bereiten, indem wir Fenzriegel herbei tragen und nasses Heu darauf legen, um ein schützendes Dach über uns zu haben trockenes Heu konnten wir nämlich nicht losziehen aus diesen fest aufgeschichteten haufen.

Dann legen wir uns um fünf Uhr Abends auf den feuchten kalten Boden, indem wir nur wenig Heu losreißen können, und das wenige wie schon gesagt naß war. Unser Nachtlager sah aus wie eine Hundehütte –.

Den ganzen Tag hatten wir nichts gegessen denn wir hatten Buchstäblich nichts bekommen können und nun hungrig und frierend zu Bette? nein, unter und über uns ein gar Händevoll nasses Heu unter freiem Himmel zwei Tage vor Weihnachten –. Ermattet schlafen wir bald ein, und der Gedanke: Schlaf sättigt auch! vertritt die Stelle des Abendessens. Aber in der Stadt wird es ziemlich kalt und der Frost schüttelt uns aus unseren sanften Schlummer; doch in der dunkeln Nacht können wir weder aufstehen noch weitergehen.

O wie war die Nacht so lang! sie schien eine Ewigkeit zu sein. Endlich wird es hell, doch als wir uns erheben wollen sind wir ganz steif und können kaum auftreten, allein nach einer Weile können wir doch langsam weitergehen und setzen daher unsere Reise fort.

Wir kommen nun gegen Mittag in ein Städtchen wo wir eine Landsmännin finden, welche uns für unser ganzes Geld, nämlich acht und dreißig Cents ein Frühstück macht, indem wir ihr sagen daß das unser ganzes Vermögen sei, und das wir hungrich wären –. Ich vergesse es nie, wie herrlich uns die Pellkartoffeln und Eier, und der warme Kaffe mit Butterbrod schmeckten und gern hätten wir der Frau noch mehr gegeben wenn wir es nur gehabt hätten.

Neugestärkt und Wohlgemuth reisen wir jetzt weiter, und kommen Abends zu einem deutschen Farmer, wo wir um ein Nachtlager anhalten, allein die Frau erklärt uns daß wir nicht dableiben könnten, indem ihr Mann das nicht erlaubte, Sie würde uns sonst gern behalten, ich merke jedoch gleich daß das Gegentheil der Fall ist und da Sie zugleich sagt das ihr Mann bald kommen müsse, so sagte ich Ihr dann wollten wir die Ankunft desselben abwarten, dies schien ihr jedoch nicht zu gefallen und Sie wollte uns nun wieder glauben machen das ihr Mann noch mehrere Stunden ausbleiben könne, und uns dann doch nicht behalten würde, allein wir ließen uns nicht irre machen und blieben, und es währte auch nicht lange da kam der Mann zu Hause und war der beste und freundlichste Mann von der Welt.

Mit der größten Zuvorkommenheit gab er uns zu Essen und zu Trinken, gab uns ein bequemes Bette und heizte noch die Kammer damit wir nur ja nicht zu frieren brauchten. Wir unterhielten uns den Abend ziemlich lange über Deutschland denn unser Freund war schon lange fort aus Deutschland; er kam aus Baiern und wir konnten ihm daher wenig aus seiner Heimath erzählen.

Am andern Morgen, als am ersten heil. Weihnachtsmorgen, nachdem wir ein gutes Frühstück eingenommen, schieden wir unter den herzlichsten Wünschen für unser Wohlergehen von unserm freundlichen Landsmann.

Wir hatten jetzt nur noch eine kurze Strecke bis Milwaukee, aber dieser kurze Weg sollte uns noch recht sauer werden, denn es Schneete dermaßen daß man keine Zehn Schritt weit sehen konnte, die Schneeflocken waren so groß wie große Schmetterlinge, dazu hatte es schon über eine Stunde vor Tagesanbruch zu Schneen angefangen und schneete fort bis gegen Mittag, so daß der Schnee zwei Fuß hoch lag, und da es Weihnachten war, so war früh Morgens noch keine Passage, und wir musten daher durch den tiefen Schnee waten doch wir setzten unsere Reise unverdrossen fort, waren wir doch nicht mehr weit vom Ziele; und hatten wir dasselbe erst erreicht, dann waren wir ja von allem „Uebel" erlöst. Wir marschirten daher frisch darauf los, und wenn auch oftmals der Schnee des Wanderers eilige Schritt hemmte und wenn auch oftmals unsere Gedanken in der Heimath verweilten, wo die lieben Unseren beim warmen Ofen im festlich geputzten Zimmer saßen und das schöne Weihnachtsfest feierten –, so war doch „Vorwärts" die Losung, und endlich zogen wir um drei Uhr Nachmittags am ersten heil. Weihnachtstage in Milwaukee ein.

Auf dem Marktplatze angekommen, erkundigen wir uns nach einem deutschen Kosthause, worauf wir sogleich nach einem Schweitzerhause, „zu den drei Bundesbrüdern," gewiesen werden.

Mit den Verhältnissen unbekannt, fragen wir zuerst ob wir dableiben können, und nachdem wir eine bejahende Antwort erhalten haben eröffne ich dem Wirth, daß wir „kein Geld" mehr haben; worauf derselbe uns fragt was für Geschäfte wir hätten, und nachdem wir dieselben genannt, macht er uns Hoffnung auf ein gutes Fortkommen, und sagt: wir könnten in seinem Hause bleiben, so lange wir Lust hätten; denn wir würden bald Arbeit und guten Verdienst bekommen.

So ließen wir uns denn in gutem Glauben ruhig nieder, um endlich auszuruhen von den Strapazen des Tages, und vor allen Dingen etwas erwärmendes zu genießen. Wir ließen uns daher Kaffee bringen und nachdem wir uns etwas erquickt hatten, stellten wir Vergleiche und Betrachtungen an, über die Feier des ersten Weihnachtstages in America und Deutschland. Wie erstaunten wir, als wir in Milwaukee kamen, und sahen Holz und Heu auf dem Markt, und alle Geschäfte offen wir an jedem andern Tage.

Bei unserem beschwerlichen Marsche im dichten Schneegestöber, dachten wir gar oft, an die liebe Heimath, und wünschten uns im stillen zurück in den Kreis unserer lieben daheim; doch das waren eben nur „fromme Wünsche" und wir hofften ja Ersatz in Milwaukee zu finden, für alle die Leiden die wir auf diesen viertägigen Marsche erduldet doch war alles so ganz anders im fremden America als im lieben alten Vaterlande. Doch haben die Deutschen im Verlaufe von zehn Jahren eine große Veränderung im amerikanischen Leben hervorgebracht, denn wie so vieles Andere, wird auch das liebliche Weihnachtsfest, hier jetzt auch gefeiert und findet bei den Amerikanern immer mehr Nachahmung.

Am nächsten Tage begannen wir Raubolds Bruder und Schwager aufzusuchen; wir gaben uns alle Mühe, allein Niemand kannte Sie auch nur den Namen nach, und so musten wir die Hoffnung aufgeben Sie dort zu finden. Zugleich erkundigten wir uns nach Arbeit, fanden aber, das wir solche in der Jahreszeit ebenfalls nicht so schnell finden würden. Leisticow hatte schon unterweges von einem Milwaukeer Arbeit bekommen, und ging daher gleich am andern Tage mit seinem Briefe zu seinem Meister, und fing an zu Arbeiten um wie er Edelmüthig sagte, im Stande sein zu können, Kost und Logies für uns zu bezahlen bis auch wir Beschäftigung haben würden.

Doch fand Raubold bald Arbeit, nur ich konnte so schnell keine finden. Endlich fand auch ich Beschäftigung und zwar als Sattler, auch muste ich für geringen Lohn arbeiten, so wie wir alle drei, denn wir waren in der schlechtesten Zeit angekommen; doch machte ich keine weiteren Schulden und konnte mich einstweilen in die amerikanischen Moden hineinarbeiten.

Als ich am sechsten Januar 1853 an zu Arbeiten fing hatte ich die runde Summa, von fünf und zwanzig dollars, Schulden; und das war nach meinem damaligen Begriffe eine große Schuld.

Doch konnte ich dieselbe nach Belieben abtragen denn Raubold war mein Gläubiger; er hatte etwas mehr Geld gehabt als er für sich selbst zur Reise gebrauchte, und so hatte er uns davon vorgeschossen als wir während der Reise von New York nach Chicago zu früh auf den Boden unseres Geldbeutels angelangt waren. Ich erhielt dreizehn dollar per Monat, wovon wir nach bezahlung des Kostgeldes und der Wäsche nichts übrig blieb. Viel Kleider hatte ich auch nicht mitgebracht –, und so war ich für den Augenblick in einer kläglichen Lage; doch konnte ich mich gegen andere immerhin noch glücklich schätzen, denn ich kam doch nicht zurück; zudem war ich nie ein guter Sattler gewesen, denn ich hatte zu Hause immer nur die Polsterarbeit gemacht, weil mir die Sattlerei zu schmutzig war, und so gab ich mir Mühe, gelegentlich meine Sattlerei mit der Polsterei zu vertauschen. Doch konnte ich dieses nicht vor dem sechsten April, indem ich mich für drei Monate verbindlich gemacht hatte. Gleich am zweiten Tage hatte nämlich mein Wirth gesagt, das er gern ein par Pferde Geschirr nehme, wenn mein Meister damit zufrieden sei, das ich dieselben abverdiene. Dieser war gern damit einverstanden, und so war ich bis zum sechsten April gebunden, auch war es eben so gut, denn die Saison der Meublearbeit nahm erst Ende April ihren Anfang.

Am sechsten April ging ich nun zu einem Americaner namens Aucmoody, um als Polsterer zu arbeiten und weil ich noch sehr wenig von der Engl. Sprache verstand und auch die american. Polsterei von der deutschen sehr verschieden war, so bekam ich auch hier nur erst wenig Lohn, nämlich vier dollar per Woche, und später vier und einen halben.

Unterdessen waren meine beiden Freunde von Milwaukee abgereist, indem ein Handschuhfabrikant aus Chicago dieselben für bedeutend höheren Lohn als Sie in Milwaukee verdienen konnten engagirt hatte.

Dieselben schrieben nun mehrere male, das ich auch nach Chicago kommen möge, da für mich auch die gleiche Aussicht vorhanden sei, und ich dort jedenfalls mehr verdiene als in Milwaukee; doch konnte ich mich nicht recht dazu entschließen denn ich führte in Milwaukee jetzt ein ganz gemüthliches Leben; ich war schon bekannt geworden unter den jungen Leuten, dazu hatte ich neben der Werkstätte ein schönes Zimmer welches ich bewohnte und hier saß ich Abends und Sontags und konnte ungestört meinen Grillen und Gedanken nachhängen –. Hatte ich schon seit Jahr und Tag versucht, mich von der Erinnerung an Dorette ganz zu befreien, so war Sie mir doch trotz alledem schon auf dem Ocean gefolgt, und hier in meinem einsamen Zimmer erst, trat die Erinnerung desto stärker wieder auf; ja die alte Sehnsucht erfaßte mich dermaßen, das ich es nicht unterlassen konnte, an meine Cousinen in Celle zu schreiben sich doch mal nach Dorette Meyer zu erkundigen wenngleich meine Hoffnung: jemals etwas erfreuliches von dort zu erfahren, nicht eben sehr groß war.

Geschrieben hatte ich wohl dorthin, doch auf Antwort wartete ich vergebens –; denn wie ich später erfuhr hatten Sie meine Bitte deshalb nicht erfüllt, weil Sie sich an Niemand anders zu wenden gewußt, als an Frau Generalin v. Ulmenstein, oder an Frau Rittmeisterin Fricke; Und zu diesen Damen hatten Sie mit solchen Aufträgen nicht gehen wollen. Dieses alles erfuhr ich erst nach langer Zeit, denn meine Verwanten (sic!) in Celle, hatten meinen Brief nicht direct beantwortet, und so war ich ganz ohne Nachricht.

Ich gab daher alle Hoffnung auf, von hier aus etwas über Dorette zu erfahren, und ließ die Sache auf sich beruhen.

Nach Peine schrieb ich desto häufiger, zumal ich in Milwaukee ein ziemlich einsames Leben führte, und bei meinem geringen Verdienst, sehr wenig erübrigte. Darum glaubte ich immer ich würde wieder nach Deutschland reisen, denn die hiesigen Verhältnisse schienen mir gar nicht zu gefallen; allein es war bei der kurzen Zeit meines hierseins nicht möglich dieselben kennen zu lernen; ich hatte auch nicht die Gelegenheit dazu, denn in Milwaukee konnte ich nur mit Deutschen umgehen, und konnte somit weder die engl. Sprache, noch die übrigen Verhältnisse der Americaner kennen lernen. Dazu kam ein Schreiben von Haus, welches mir auf's deutlichste zu verstehen gab, daß ich, je eher je lieber wiederkommen solle, und zwar aus keiner geringeren Ursache: als dort die einzige Tochter eines Wohlhabenden Mannes zu heirathen –.

Die Familie A. war seit mehr als dreißig Jahren zu den intimsten Freunden unseres Hauses gezählt worden, und selten war wohl die Freundschaft inniger und aufrichtiger gehegt und gepflegt worden als zwischen uns.

Herr A. ein Mann von seltenen Kaufmännischen Kentnissen (sic!), hatte sich durch strenge Rechtlichkeit und Fleiß eine achtbare und unabhängige Stellung erworben, und war der gern gesehene Gast, und Rathgeber, in allen Gesellschaften oder Versamlungen (sic!).

Frau A. war ein Muster der Frauen, und wohlgeeignet Frieden und Glückseeligkeit im Hause zu bewahren. Freundlich und zuvorkommend gegen Jedermann, war ihr auch jene Frauenwürde eigen die so gern von der großen Masse für Stolz gehalten wird: doch war Sie nichts weniger als dieses. Friederike A. endlich war ein liebevolles unschuldiges Mädchen, ohngefähr achtzehn Jahr alt, als ich nach America abreis'te. Ganz das Ebenbild ihrer lieben Mutter; einfach und anspruchslos erzogen und der Eltern einzige Hoffnung und Freude. Diese nun sollte ich heirathen, denn Frau A. hatte meiner Mutter gestanden, daß nicht allein Sie sondern auch Friederike ganz untröstlich über meine plötzliche Abreise nach America gewesen sei; und hatte dabei gesagt die Eltern sollten mich doch wieder zurückrufen, um ihren einzigen Wunsch – in Erfüllung gehen zu sehen.

War es da zu verwundern, das ich nach Peine schrieb, ja, ich denke wiederzukommen.

und wer weiß, wenn ich die Mittel gehabt hätte ob ich nicht sofort abgereist wäre. Doch wie immer war ein gewisses etwas, was mich abhielt, diesen Plan ernstlich zu verfolgen. Hätte ich mich nicht schon als Jüngling von achtzehn Jahren, in Dorette verliebt gehabt, so wäre ich nie so gleichgültig gegen Friederike A. gewesen, und wäre dann gewiß nie nach America gekomen; denn wie ich also jetzt erfuhr, war die Famielie A. der festen Meinung gewesen, das Friderike und ich für einander bestimmt seien.

Doch es sollte anders kommen, denn eines Sontag Morgens kamen meine beiden Freunde von Chicago und erzählten mir, wie ganz anders es dort sei; und daß ich nur ja nicht mehr in Milwaukee bleiben solle. Mein Plan war daher schnell gemacht meine Sachen wurden sofort gepackt, und fort sollte es am Montag Morgen nach Chicago gehen. Aber da schien sich mir ein Hinderniß entgegen stellen zu wollen; nämlich mein Meister ein Americaner wollte mich durchaus nicht fortlassen und gab zu dem Zwecke vor, ich hätte mich für ein Jahr verbindlich gemacht, bei ihm zu bleiben. In der Meinung das ich nicht genug Englisch verstehe glaubte er seinen Zweck erreichen zu können; allein als freier Mann machte ich ihm begreiflich und zwar auf eine ziemlich derbe Weise, daß ich nie eine solche Verbindlichkeit eingegangen wäre, noch jemals eingehen würde, indem ich ein solches Verfahren für infam und erniedrigend halte, und eines freien americanischen Bürgers unwürdig. Dabei sprach ich ziemlich fließend Englisch so daß ich wohl verstanden wurde –; und wie es hier zu Lande so oft der Fall ist, nachdem wir uns recht derbe einander die Meinung gesagt hatten schieden wir als die besten Freunde –.

Als ich jetzt in meinem Kosthause erkläre, daß ich heute zum letzten male dort esse, indem meine Freunde gekomen seien, um mich nach Chicago abzuholen; da nimmt mich Herr N. beiseite und sagt ich solle nicht nach Chicago gehen, denn wenn ich da bleiben wolle, so wolle er mich dazu verhelfen, daß ich ein eigenes Geschäft anfangen könne er habe Häuser und Vermögen, und möge mich gern – leiden! auch seien noch mehr Leute in seinem Hause, die mich gern leiden mögten –, mit diesen meinte er seine Nichte, welche er an Kindesstatt angenommen, daher keine eigenen Kinder hatte; eine junge niedliche Schweigerin, welche nur zu viele Anbeter hatte und schlemisch und neckend genug auftrat.

Ich war der ruhige Zuschauer geblieben, war jedoch artig und aufmerksam gegen die ganze Famielie gewesen, indem ich ausnahmsweise vor den Kostgängern bevorzugt wurde. Nichts desto weniger hatte ich je Absicht gezeigt oder merken lassen daß ich Rosa liebe; und konnte daher auf die einfachste Weise, aus diesem mir sonst so lieb gewordenen Hause scheiden. Nachdem wir noch einmal alle unsere Freunde besucht fuhren wir am Montag Abend per Dampfboot ab. und kamen am andern Morgen in der frühe in Chicago an. Meine Freunde hatten Wahr gesprochen, hier war Leben, hier war Geschäft, hier war in einer Woche fast so viel zu verdienen als in Milwaukee im ganzen Monat.

Zwar war die Stadt an und für sich nicht so schön als Milwaukee allein was half das alles der unbemittelte Arbeiter so wie jeder Stand wird immer da hingehen, wo seine Arbeit am besten bezahlt wird. Zwar war Chicago damals eine ungesunde und schmutzige Stadt, und man fand noch im Jahre 1856 und stellenweise noch später mitten auf der Straße einen Pfahl aufgestellt mit einem Brett, worauf zur Warnung des Publicums geschrieben stand „No Bottom" allein das alles schadete den Verkehr oder Geschäft der Stadt gar nichts, es kümmerte sich auch Niemand darum und Niemand schien auch Zeit dazu zu haben, denn jeder hatte zu viel zu thun, und verdiente Geld, und so kam es, das viele Leute von Milwaukee nach Chicago wieder übersiedelten.[13]

---

[13] 1850 hatte Chicago bereits 30.000 Einwohner, und ein Ende des Zustroms war nicht absehbar – zu günstig waren die Rahmenbedingungen am Verkehrsknotenpunkt der Vereinigten Staaten. 1854 zählte die Stadt 55.000 Einwohner. 1855 kam es zu einem blutigen Straßen-

Ich fand bald Arbeit und verdiente zuerst, nur für kurze Zeit, sieben dollars per Woche dann neun dollars, und später zwölf bis achtzehn dollars per Woche in kurzer Zeit hatte ich mir eine kleine Summe zurückgelegt und hatte mir auch schöne Kleidung angeschaft; auch wurde ich hier bald bekannt mit netten jungen Leuten, welche mir bald die Idee nach Deutschland zurückzukehren lächerlich machten.

„View of an entire block of brick and stone buildings in Chicago, on Lake St. between Clark & LaSalle Sts., while being raised to the new grade a higth (sic!) to 5 feet." In den ersten zwanzig Jahren der Geschichte Chicagos waren die Straßen bei nassem Wetter unpassierbar. Das Wasser stand in den ruhenden Gewässern, und die Keller wurden mit jedem Regen überflutet. Die fehlende Entwässerung führte zu einer unerträglichen Belästigung bis hin zu einer ernsthaften Bedrohung für die Gesundheit. Chicagos sumpfige und tief liegende Gründung führte zu seiner buchstäblichen Anhebung um mehrere Fuß. Einige Gebäude wurden nicht nur angehoben, sie wurden auch umgesetzt. Diese Ansicht der Lake Street von 1855 wurde vom Bauunternehmer als Werbung verwendet. Lithographie von Edward Mendel, chicagology.com/raising (public domain)

---

kampf, dem „Lagerbieraufstand" (Lager Beer Riot). Deutsche Siedler kämpften in diesem Aufstand um ihr Recht, auch am Sonntag Bier ausschenken zu dürfen. Ab 1856 wurde zur Verbesserung der Kanalisation nach verschiedenen Epidemien stückweise die Bodenhöhe des gesamten Zentrums von Chicago angehoben. Die Höherlegung dauerte ungefähr 20 Jahre, wobei es zu Anhebungen von weniger als einem Meter bis zu 2,5 Metern kam. Zwischen dem 8. und dem 10. Oktober 1871 wütete der Große Brand von Chicago, der den Großteil der Stadt zerstörte. In der Schrift „Der ungeheuere Brand der nordamerikanischen Stadt Chicago ... mit großen Menschenopfern und einem Schaden von 675 Millionen Gulden" (Lutzenberger, Altötting 1871) heißt es: „Alle diese Feuersbrünste zusammen erscheinen unbedeutend im Vergleiche mit jener, welche in Chicago in der Nacht vom Samstage den 7. Oktober 1871 begann, in der Nacht des 8. von Neuem ausbrach, und von da an mit ungehemmter Heftigkeit wüthete, bis sie mehr als die Hälfte des Stadtgebietes zerstört, mehrere Hundert Millionen Eigenthum vernichtet, großen Verlust an Menschenleben verursacht, und beinahe hunderttausend Menschen obdachlos gemacht hatte." 1880 zählte die „wiedergeborene" Stadt bereits 500.000 Einwohner. (Olson, Anita R., „A Community Created: Chicago Swedes, 1880-1950", in: Ethnic Chicago, 1995, S. 110.) Bis 1890 verdoppelte sich Chicagos Einwohnerzahl auf eine Million.

So gab ich denn die Idee auf, und sparte um so eifriger um jetzt meinen eigenen und Lieblingsplan in's Leben zu rufen, nämlich die Eltern und den Bruder herüber kommen zu lassen. Albert muste Wahrscheinlich Soldat werden, das wuste ich, und wollte es wo möglich verhüten, denn ich war ein zu guter Republicaner als ich hätte dulden können, daß einer von uns diesen miserabeln Fürstenpack hätte dienen müssen; und da ich mit großer Liebe an den Meinigen hing, und wohl wußte, daß keine allzu große haufen – liegendes Geldes dort waren; und wenn man nach America reist, und will seine Meubeln verkaufen das man dann wenig oder nichts dafür bekommt so sparte ich drauf los und hatte denn bald siebenzig dollars erübrigt. Aber die Passage für drei erwachsene Personen kostete circa einhundert und zwanzig Dollars, und so nahm es noch eine geraume Zeit, wenn ich warten wollte bis ich den rest erspart hätte. Doch ich hatte schon Credit, denn der Banquer F. H. gab mir vier Monat Zeit, das fehlende zu bezahlen.

Jetzt also konnte ich sofort die Passagescheine abschicken, und die Meinigen alsdann anfangs Sommer erwarten. Wie war ich jetzt so glücklich das ich dieselben hier sehen würde, und Sie den dortigen Plackereien entreißen konnte. Ich hatte jetzt schon genug von den hiesigen Verhältnissen erfahren, so daß ich mich durchaus nicht mehr zurück sehnte nach Deutschland.

Inzwischen wurde ich bekannt mit einigen Mitgliedern des Männergesangvereins, und da ich von jeher ein Freund des Gesanges war, so ließ ich mich in den Verein aufnehmen.[14]

Gleich am ersten Abend fand ich meinen Jugendfreund und Schulcameraden Henry S. ganz unverhofft und die beiderseitige Freude, war deshalb groß. Wir

---

[14] Der „Chicago Männergesangverein", welcher zuerst unter Emil Rein und ab 1858 unter Julius Unger viel Anerkennung genoss, wurde 1852 gegründet. Er präsentierte im Zeitraum 1855-1858 sogar drei Opernaufführungen im Deutschen Haus: „Die Mordgrundbruck", „Czar und Zimmermann" und „Alejandro Stradella". Der aus München stammende Apotheker Emil Dietzsch (1829-1890) schrieb 1885: „Nebst der Chicago Turngemeinde war der Chicago Männer-Gesangverein einer der hervorragendsten deutschen Vereine der Stadt. Er stand unter der Leitung des alten, dicken A. Weinmann, der in Ermangelung eines Pianos die alten, schönen deutschen Lieder durch Begleitung auf der Violine den Sängern einübte. Die Stifter dieses Vereins waren: Charles Sonne, George Schneider, A. Buchmann, C. Wippo, J. Behrens, Rudolph Schlösser, J. J. Gindele, G. Jordan, Henry Wendt, H. Marwedel, F. Nagel und Louis Wunderle. Aus diesem Vereine entstand später durch Ausscheiden einiger Mitglieder der Freie Sängerbund unter der Leitung von Emil Rhein." Und an anderer Stelle: „Zur Fastnachtszeit 1855 verstieg man sich sogar zur Aufführung einer Operette, ‚Die Mordgrundbruck' in der North Market Hall, die da stand, wo heute das Criminal-Gerichts-Gebäude emporragt. Herr Gustav Jordan (heute in Lake View wohnend) sang die Tenor- und Herr Charles Sonne, der heutige große Bienenzüchter im südlich Illinois, die Baßpartie. – Die Hauptmitglieder des Vereins waren damals, so viel ich mich dessen noch erinnern kann, die Herren Charles Sonne, George Schneider (der Photograph), W. Buchmann, Ch. Wippo, Rudolph Schlösser, J. J. Gindele, G. Jordan, H. Wendt, H. Marwedel, Louis Wunderle, H. Nagel und andere mehr." (Dietzsch, Emil, Chicago's Deutsche Männer. Erinnerungs-Blätter an Chicago's Fünfzigjähriges Jubiläum. Geschichte der Stadt Chicago mit besonderer Berücksichtigung des Einflusses der Deutsch-Amerikaner auf ihre Entwicklung M. Stern & Company, 1885, S. 21, 39, 63.)

hatten uns in Dreizehn Jahren nicht gesehn, und da wir beide hier fremd waren, so schlossen wir uns desto inniger einander an. S. war verheirathet, und war ebenfalls erst kurze Zeit in Chicago, erwartete aber täglich seine Frau da er um Reisegeld zu ersparen, allein von New York hierher gereist war. Bald kam Sie denn auch, und jetzt hatte ich eine Famielie hier, wo ich zu jeder Zeit Wilkommen (sic!) war, und wo ich auch so gern meine Mußestunden verlebte. S. war Uhrmacher, und hatte für seinen Prinzipal noch einen andern Gehilfen, einen ihm befreundeten Uhrmacher aus New York verschrieben, derselbe war ebenfalls verheirathet, und so war es ganz natürlich das die beiden Famielien einander besuchten. Gleich am ersten Sontage nach Ankunft von Adolph C. trafen wir uns beide bei S.

Frau C. eine lebhafte und geschwätzige Dame! hatte sofort zu ihrem Ehgemahl gesagt: hör mal Männche, der herr Wippo ist ein Mann für meine Johanne. Gesagt, gethan. Flugs wird nach Deutschland geschrieben, und ehe der Frühling wiederkehrt, kommt „Johanne" schon mit Dampfeseile von Deutschland herüber; aber o Jammer! S. und C. sind inzwischen die bittersten Feinde geworden, und so ist jede Annäherung und jede Gelegenheit abgeschnitten daß Johanne mich sehen kann, und daß wir uns einander kennen lernen. Doch muste nach Frau C. ihrer Meinung die Bekanntschaft mit mir jedenfalls auf irgendeine Weise erneuert werden.

S.s waren inzwischen nach der Nordseite gezogen, und da Sie dort eine geraumige und schöne Wohnung hatten, so zog ich zu Ihnen. um bis zur Ankunft der Meinigen noch recht sparen zu können, und auch ein Unterkommen für Sie zu haben, bei bekannten Leuten, und ungeniert mit Ihnen sprechen zu können. Nicht lange, so wohnten C.s auch auf der Nordseite und da unter der Wohnung von S. eine sehr gute Grocery war, so kauften Frau C. und Frl. Johanne ihre Waren dort, um womöglich dadurch mit Frau S. wieder zusammen zu treffen, und die Feindschaft zu begraben. Es währte auch nicht lange, so hatte eine Begegnung und Versöhnung stattgefunden, und bald sahen wir uns im Kreise beider Famielien.

Johanne war ein ganz niedliches Mädchen von mittlerer Größe und feinen Manieren, ihr hellblondes Haar stand ihr sehr gut, auch hatte Sie ein sehr sanftes Wesen und schien einen geraden Character zu besitzen, nur daß, was ein vernünftiger Mann als Hauptsache obenan stellt, besaß Sie nicht; nämlich: Reinlichkeit und Ordnungsliebe, und die Fähigkeit den Haushalt führen zu können. Zwar gestand Sie das selbst ein, und bedauerte sehr daß ihre Frau Mutter Sie nicht besser unterrichtet habe; und hoffte nun eine gute Schwiegermutter zu bekommen, bei welcher Sie dann das alles noch lernen wollte, aber dies alles war nicht geeignet ihr meine Achtung und Liebe zu gewinnen, denn ich hatte in der Schule gelernt: Was Hänschen nicht lernt, lernt Hans nimmermehr. Zudem war es mir nie in den Sinn gekommen mich zu verheirathen, sonst hätte ich die Gelegenheit gehabt, mich mit jungen Mädchen zu verbinden die Johanne in jeder Hinsicht weit in den Schatten stellten, aber was konnte ich dafür? wenn sich die Leute mir aufdringten, es war gut genug wenn ich Sie mit Artigkeit und Schonung immer fern genug hielt –

Währenddem war auch ein anderer junger Mann Herr R. mit der Famielie C. bekannt geworden, und kam nun auch sehr oft Sie zu besuchen, und hatte denn auch wirklich die Absicht, Johanne zu heirathen.

Seine Stellung sowohl, als die Art und Weise, wie er sein Geld verbrauchte oder zu verbrauchen gewohnt war, ließen es ihm rathsam erscheinen vor der Hand keine Verlobung anzubahnen er selbst sah wohl ein, daß er in seiner damaligen Stellung keine Frau anständig ernähren könne. Nun traf es sich oft, daß R. freundlich plaudernd und im Glücke schwelgend neben Johanne saß, daß ich dann auch in's Zimmer trat, und Johanne dann aufsprang und sich zu mir setzte, R. ganz außer Acht lassend noch mehr, sollte ich erleben –, drei Tage vor ihrer Hochzeit mit R. erklärte Sie in Gegenwart dreier fremden Damen und meiner Eltern, daß wenn ich Sie Heirathen wolle, so würde Sie R. noch fahren lassen –. Doch genug hiervon, ich wollte ja weder Liebschaften anknüpfen, noch Heirathen. Meine Gedanken waren ja stets drüben über den Ocean; und nachdem sich meine Verhältnisse so bedeutend gebessert hatten, dachte ich nur daran, wie herrlich wir hier miteinander leben würden. Auch konnte ich meinen Vorsatz dann wohl leichter ausführen, da Mutter noch sehr rüstig war, und nach meiner Meinung, unsern kleinen Haushalt noch lange führen konnte; ich kam ja dann über die Jahre hinweg in denen der Mensch sich so gern nach einer Lebensgefährtin umsieht, und war ich erst einmal ein alter Knabe geworden, und sollte dann einmal eine Veränderung eintreten in unserer Famielie, so würde dann auch wohl Rath sein; dies und ähnliches waren so meine Ansichten: welchen nach meiner [Ansich] Meinung nichts im Wege stand um verwirklicht zu werden, als die Reise der Meinigen über den Ocean, worüber sich Mutter so sehr fürchtete. Allein ich war durchaus nicht bange das Mutter deshalb zurückbleiben würde, und nach meinen ersten Schreiben erhielt ich die Antwort das Sie kommen wollten. Jetzt war alles so, wie ich es wünschte.

Die Geschäfte gingen ausgezeichnet, Jeder hatte vollauf zu thun, und verdiente Geld, Jeder schien sich glücklich zu fühlen, und von goldener Zukunft zu träumen, kurz Chicago ging auf Stelzen –; kein Wunder also, daß ich kein Bedenken trug meine Eltern hierher kommen zu lassen.

Und warlich es ist noch Niemanden aus unserer Famielie, gereut gewesen, bis auf den heutigen Tag, nach America übergesiedelt zu sein; trotz aller Schwankungen der Geschäfte und der damit verbundenen schlechten Zeiten.

Da ich von Milwaukee nicht direct an Friederike A. geschrieben, sondern an meine Eltern, und nur geschrieben, ich denke wiederzukommen, so hatte ich von Chicago aus von dieselben geschrieben daß ich nicht wiederkommen würde, denn es sei in America, für Handwerker namentlich, doch bei weitem besser als in Deutschland; und bei ruhiger Ueberlegung, in Betreff der Heirat mit Friederike A. fände ich, daß nichts aus der Geschichte werden könne. Friederike sei zwar ein liebes und braves Mädchen, allein ich wolle jetzt noch nicht Heirathen und könne jetzt noch nicht wissen ob ich jemals Heirathen würde; zudem würden A. ihre Tochter nie nach America gehen lassen, und ich würde wohl nie wieder nach Deutschland kommen; dies schien diese Angelegenheit gänzlich beseitigt zu haben denn nach solcher Erklärung war es nur zu klar, daß ich ziemlich gleichgiltig gegen Friederike sei –.

Inzwischen war ich mit mehreren jungen Leuten bekannt geworden, welche alle meine Ansicht über America theilten; so auch mit zwei Landsleuten, G. & W. welche den Plan, daß ich meine Eltern kommen lasse, vortrefflich fanden, und sogleich bereit waren, mit uns ein Haus zu beziehen. Die Zeit kam heran; und einen Monat vor der Ankunft der Eltern mietheten wir ein Haus, welches wir nach Ankunft derselben gemeinschaftlich bewohnten. Kurze Zeit vor Ankunft derselben, erhielt ich einen Brief welcher an den „Sattler" Wippo addressirt war, und daher von einer bekannten Persohn sein muste. Als ich denselben oeffne, finde ich, daß Landsleute angekommen sind welche mir anzeigen, daß ich Nachricht von den Eltern erhalten könne, wenn ich zu ihnen käme. Straße und Hausnumro war angegeben und ich hatte daher nichts eiligeres zu thun als dort hinzugehen. Hier fand ich denn unsern Landsmann V. und dessen Schwiegereltern M. aus Vechelde, zwischen Peine und Braunschweig. Dieselben hatten in den Zeitungen gelesen daß Vater mit Famielie nach Chicago N. America reise; und da Sie ebenfals nach Chicago wollten, so hatten Sie sich schon gefreut Reisegefährten gefunden zu haben, und kamen daher zu den Eltern um sich nach der Zeit der Abreise zu erkundigen, allein Sie hatten sich schon beiderseitig bei verschiedenen Agenten die Papiere schicken lassen, und so konnten Sie nicht mehr mit ein und denselben Schiffe reisen, wenn Sie nicht das angezahlte Geld verlieren wollten. Desto fester versprachen Sie aber einander, die Freundschaft in America fortzusetzen, und dort womöglich noch näher und inniger Bekannt und befreundet zu werden.

Bei ihren Besuchen in Peine kam die Rede natürlich auch auf mich, und da mein Bild an der Wand hing, so wurde gescherzt, und geschwatzt, von diesem und Jenem; und endlich zwischen den beiderseitigen Alten die Verabredung getroffen, daß ich Henriette, die Tochter von M. Heirathen solle, wenn wir uns einander leiden mögten –.

Als Vater einige Tage darauf zum Banquier S. kommt um sein Geld zu wechseln, gratulirt ihm derselbe, zu einer reichen Schwiegertochter, indem er zugleich erzählt daß M. dort 6000 dollars eingewechselt habe, und bei der Gelegenheit erzählt habe, ich würde seine Tochter in America heirathen.

Auch erhielt ich ein par Tage später einen Brief von Vater aus Bremerhaven, worin er mir den Tag der Abfahrt des Schiffes, und dessen Namen anzeigte, und mir zugleich über die Famielie M. schrieb und einige leise Andeutungen von einer hübschen Tochter und dergleichen Dinge mehr machte.

Ich hatte bei meinem ersten Dortsein das hübsche Kind, schon gesehen, hatte Sie freilich ganz niedlich gefunden, aber doch nicht nach meinem Geschmack, und so ließ ich die Geschichte ganz ruhig gehen, und erwartete meine Eltern.

Ich war im sieben und zwanzigsten Jahre und war daher nach der Ansicht aller heirathsfähigen Mädchen ein Heiraths=Candidat, der doch wohl binnen kurzen Heirathen müsse, und ich hätte daher mit Leichtigkeit in das liebliche Joch der Ehe hineinschlüpfen können aber sonderbarer Weise bekam ich immer mehr

Abneigung dagegen je mehr man mir, so zu sagen, an die Hand ging, und je Lockender oftmals die Partie auch war. Ich hatte mir ja einmal vorgenommen: „nie eine andere" zu heirathen, und war bis jetzt noch nicht in Versuchung gekommen mein Wort zu brechen.

Zwar fand ich hier in Chicago ein junges Mädchen, welche mich lebhaft an Dorette erinnerte, und welche die einzige gewesen wäre, welche mich vielleicht eben durch diese Aehnlichkeit, auf andere Wege geleitet hätte indem ich nie hoffen konnte daß Dorette nach America kommen würde; aber diese ähnlichkeit (sic!) hatte mich auch wieder mit solcher Gewalt zu Dorette hingezogen, daß ich mehr denn je an Sie dachte, obgleich ich in beinahe sieben Jahren nichts mehr von ihr erfahren hatte.

Endlich kamen denn die Eltern und Bruder Albert am Zwei und zwanzigsten (22) August 1854. wohlbehalten in Chicago an.

Ich war den ganzen Tag nach dem Bahnhofe gegangen um dieselben dort zu empfangen; allein Sie kamen nicht; und auf meine Fragen am Bahnhofe, erhielt ich den Bescheid, das heute keine Emigrantenzüge mehr kämen. Darauf ging ich beruhigt nach Hause denn ich hoffte Sie nun jedenfalls morgen zu sehen.

Der Tag war schrecklich heiß gewesen, wie überhaupt der Sommer von 1854. ein sehr heißer war; und da wir nahe am See wohnten, so gingen wir Regelmäßig jeden Abend zum baden, um besser schlafen zu können, Wir hatten nun ebenfalls, diesen Abend unsere Tour wieder abgemacht und waren auf den Rückwege bei C. geblieben um dort in der nähe des Sees, die frische kühle Seeluft zu genießen, und von des Tages Last und Hitze auszuruhen, denn in jenem Sommer ruhete man des Nachts innerhalb des Hauses nicht; denn die Hitze war unerträglich, daher saß man bis Nachmitternacht vor den Thüren, und genoß die kühle Abendluft bis die Natur ihr Recht verlangte, und die müden Augenlieder (sic!) schloß.

So waren wir denn etwas nach zehn Uhr von dort langsam fortgegangen, um so viel als möglich abgekühlt zu Hause anzukommen.

Nicht weit vom Hause sage ich zu S. Am Ende sind während unserer Abwesenheit die Eltern angekommen, eine Ahnung sagte mir: Sie sind oben! und in wenigen Sätzen bin ich oben und die Arme der Meinigen umschlingen mich.

> *Wie da die Augen leuchten in hellen Freudenglanz*
> *Wie da die Herzen schlagen so Hochbeseeligt ganz*
> *Die Trennung ist vergessen mit ihren bangen Wehn*
> *Wir fühlten nur die Wonne des seeligen Wiedersehn.*

Jetzt war vieles zu erfragen und vieles zu beantworten, und der Tag grauete schon wieder, als wir noch immer einander Wach erhielten.

Sie waren Mitte Juni von Bremen abgefahren und hatten sieben Wochen auf dem Ocean herumgefahren, während welcher Zeit Vater und Albert ganz Wohl und Munter gewesen war; Mutter jedoch fast immer krank gewesen war.

In New York angekommen, waren Sie auf das freundlichste und beste von unserm Freunde Heerlein in Empfang genommen, und auf das beste bewirthet. Nachdem Sie einige Tage dort gewesen und sich etwas von der Seereise erholt hatten, wurde die Weiterreise angetreten, und in einigen Tagen waren Sie also ohne besonderen Unfall an jenem Abende angekommen.

Sie hatten nun natürlich geglaubt ich würde auf dem Bahnhofe sein, und die Ankunft des Zuges erwarten, und Sie dann in Empfang nehmen; aber wie waren Sie erschreckt mich nicht zu finden; und in der Bestürzung denken Sie auch nicht daran das Vater die Addresse in der Tasche hat. Nun wird gefragt aber die wenigen Deutschen, welche Sie wohl als solche ansahen, kannten keinen Carl Wippo – doch finden Sie bald einen freundlichen Deutschen welcher verspricht, mit auf die Entdeckungsreise zu gehen, und wissend das ich zu einem Gesangverein gehöre, steuern Sie darauf los, das Local desselben zu finden; und bald finden Sie einen Americaner welcher mich kennt, und deutsch spricht, und Sie sofort zu meinem Shop begleitet, und dort einen Arbeiter herausklopft der sogleich bereit ist die Eltern nach meiner Wohnung zu bringen. Ganz abgehetzt von allen Kreuz und Querzügen, und von der enormen Hitze kommen Sie denn endlich in meiner Wohnung an um mich auch hier nicht zu finden, bis ich denn auf die schon vorhin beschriebene Weise zu Hause kam.

Den nächsten Tag wurde sofort alles nöthige Hausgeräth eingekauft, und noch am Abend desselben Tages in unsere Wohnung auf der Westseite eingezogen, und hatten also den Anfang zu unserem kleinen Haushalt in America gemacht –.

Ein par Tage später zogen auch G. & W. bei uns ein, und dadurch wurde es einigermaßen Gesellig in unserer neuen Wohnung.

Doch bald sollte es anders werden, wenn auch nicht besser! denn Mutter wurde krank, und zwar so, daß uns allen bange wurde –. Die Hitze war unerträglich, und selbst die stärksten Menschen unterlagen den Einflüssen der unausgesetzten drückenden Schwüle, welche nicht einmal durch die Nacht unterbrochen wurde. Die Cholera wüthete schrecklich, und räumte in manchen Theilen der Stadt derart auf, das ganz Häuser ausstarben –.

Das war ein schlimmer Anfang in einem fremden Lande und namentlich für ältere Leute. Doch bald ward es auch etwas besser, denn die Hitze mäßigte sich in etwas, und so erholten sich die Menschen auch bald wieder; und auch Mutter genas bald wieder so weit, daß Sie den Haushalt, wenn auch nur Mühsam, führen konnte.

Ich hätte gern eine Magd gemiethet, allein Mutter war nicht dazu zu bewegen, wohl aber hätte Sie gern gesehen, wenn ich mich verheirathet hätte, so auch Vater, und es war daher oft die Rede davon; allein Sie predigten tauben Ohren, denn ich gab immer ausweichende Antworten; und als Sie endlich direct mit ihrem Lieblingsplan herausrückten, daß ich nämlich die Gelegenheit nicht vorübergehen lassen solle, mich mit Henriette M. näher bekanntzumachen und Sie schließlich zu heirathen, da war es Zeit Ihnen zu erklären, daß dieselbe keine Frau für mich sei –; und das ich am liebsten gar nicht Heirathen mögte.

Obgleich Mutter gerade jetzt mehr denn je einer Stütze bedürfe, so sei es mir dennoch nie eingefallen hier so nolens volens zu heirathen. Da sagte der Vater zur Mutter! „Ich weiß wohl was Ihm im Kopfe steckt," und warum er hier keine Bekanntschaft anknüpfen will: Das ist die alte Liebe von der Müggenburg!

Nun hatte er natürlich den Nagel auf den Kopf getroffen, und da ich nie heimlichkeiten vor meinen Eltern hatte, so erklärte ich Ihnen denn auch ganz offen, das dem so sei.

Aber warum schreibst du denn nicht einmal an Dorette? fragte der Vater; worauf ich dann erzählte, daß ich von Milwaukee aus, an Tante Wiebe in Celle geschrieben, und speciell meine Cousinen gebeten habe, sich doch einmal nach Dorette Meyer zu erkundigen, und mir darüber zu schreiben, indem dieselben mein Verhältniß mit Dorette Meyer kannten. Allein ich habe nie eine Antwort von Ihnen bekommen. Hierbei erinnerte sich nun Mutter, das die Cellenser gesagt hatten Sie mögten nicht hingehen, nach den stolzen Schwestern Dorettens, und nach Ihr fragen, und anderswo wüßten Sie keine Erkundigungen einzuziehen und hatten zugleich gebeten, es mir im nächsten Briefe mitzutheilen, allein auch von dort war es vergessen – worden.

Mein Erkundigung von Milwaukee aus, ging nicht sowohl aus der Hoffnung hervor, daß Sie vielleicht hier herkommen könne, sondern ich wünschte nach so langer Zeit doch gern eimal (sic!) zu erfahren, wie es ihr ginge –.

Inzwischen war es October geworden und noch keine Sylbe über die Ankunft der Eltern nach Deutschland geschrieben; trotz des Versprechens gleich nach Ankunft zu schreiben. Am sechsten October schrieb ich daher an meinen ältesten Bruder in Peine (im Königr. Hannover) das die Eltern glücklich hier angekommen seien und sich jetzt – wieder Wohl befänden, u.s.w.

Als wir am Abend traulich beisammen saßen und der Brief geschlossen werden sollte, erneuerte Vater seine Aufforderung: daß ich mich nochmals nach Dorette erkundigen solle, denn, sagte er: du kanst gar nicht wissen, ob Sie nicht noch ledig ist, und ob Sie jetzt nicht gern herüber kommt. Allein ich konnte das nicht glauben, und hielt jeden Federstrich für unnütz, denn Dorette würde jedenfalls nicht nach America kommen, und wäre auch höchst wahrscheinlich schon verheirathet –.

Allein Vater ließ sich damit nicht abspeisen sondern wiederholte immer dringender seine Aufforderung: Doch alles prallte an meinem Unglauben ab, und ich war eben im Begriff das Couvert des Schreibens zu schließen, als ich mich dennoch bestimmen lasse, einen Zettel von der größe des Couverts mit einzulegen, und meinen Bruder zu bitten selbst nach den Inhalt des Zettels zu handeln. Ich würde ein ordentliches Schreiben an Dorette mit eingelegt haben, allein ich versprach mir nicht den geringsten Erfolg davon.

Auch wußte ich, daß die americanishen Briefe in so viele Hände gingen, und wünschte natürlich nicht, daß irgend Jemand etwas davon erfahren solle, damit man sich nicht noch über mich lustig machen, und in der kleinen Stadt Peine meine Liebes=Angelegenheiten ausposaunt werden könnten; daher der kleine separate Zettel; dessen Inhalt hier folgt –:

"*Lieber Albert! folgende Bitte wirst du deinen dich liebenden Bruder Carl nicht versagen:*
Erkundige dich doch schriftlich oder selbst, wenn du kannst, nach Dorette Meyer von der Müggenburg. Du weiß ja mein Verhältniß zu Ihr –. Sollte Sie noch unverheirathet sein, und liebt mich noch und hat Lust hierher zu kommen, so werde ich Sie mit offenen Armen empfangen –. Du kannst Ihr alsdann dieses Zettelchen vorläufig zuschicken mich aber sofort benachrichtigen, daß ich selbst an Sie schreiben kann. Wenn ich nur wüßte wo Sie wäre so hätte ich es schon gethan. Ich brauche dir wohl weiter nichts hierüber zu schreiben, denn du weißt ja selbst was du zu thun hast, um das mir nöthige schreiben zu können. u.s.w.
Dein Carl."

Am sechsten October 1854. ging also der oben bemerkte Brief von hier ab; und da es mindestens zwei Monate erforderte, um Antwort zu erhalten, so war Geduld das einzige Mittel die Zeit zu verkürzen, und – wahrlich die Geduldsprobe war außerordentlich.

Zwar hegte ich nur schwache Hoffnung irgend etwas Näheres über Dorette zu erfahren; wohl aber hoffte ich zu erfahren, ob Sie noch lebe, und ob Sie ledig sei denn bald waren es sieben Jahre, seitdem wir uns zum letzten mal gesehen, und bald darauf Brieflich getrennt hatten –.

Endlich waren denn zwei Monate vergangen, und die Möglichkeit war da, eine Antwort zu erwarten. Aber – es kam keine; wir hatten einen weiteren Monat Geduld, aber immer kein Brief.

Was mag das heißen, das unser Brief nicht beantwortet wird? war die tägliche Frage in unserer Familie. Im Winter ist die Schiffarth unregelmäßig oder ist für die Wintermonate ganz eingestellt; oder: unser Brief ist vielleicht verloren gegangen; solche und ähnliche Gespräche waren täglich in unserem Hause zu hören.

Während wir nun hier vergebens auf Antwort warteten, hatte mein Bruder den Brief seiner Zeit richtig erhalten; da er aber in Peine nichts in der Sache thun konnte, und Mitte December nach Celle zu Markte reisete, so wollte er bis dahin warten, und dann versuchen ob er meine "Aufträge" ausführen könne. Die Sache hatte ja auch keine große Eile –.

In Celle wohnte wie schon früher bemerkt, Tante Wiebe nebst Töchtern; der alte Onkel war schon längst – heimgegangen; und die Tante hielt daher mit ihren unverheiratheten Töchtern Haus.

Auguste, die zweitälteste, hatte einen Posamentirer Carl Ellecke geheirathet, und dieser war gewissermaßen das Haupt der ganzen Familie. Ellecke ist eine hohe schlanke Figur, mit einem schönen männlichen Gesicht, schwarzen lockigem Haar, und Bart, und ist wegen seiner derben Geradheit, von manchen verkannt, aber von vielen geehrt, geliebt und geachtet; er ist ein tüchtiger Ge-

schäftsmann, und hat es verstanden, sich durch Fleiß, Sparsamkeit, und Ausdauer eine achtung gebietende Stellung zu gründen.

Sein offener biederer Character gewann ihm allerorts, nicht allein Geschäftsfreunde, sondern auch die Freundschaft jedes aufrichtigen, biederen Mannes. Ellecke war und ist der Mann, welchen ich hoch schätzte und liebte, und der auch seinerseits gezeigt hat das er diese Liebe, in vollen Maße erwiedere.[15]

Carl Elleke I (1814-1871). Digitale Sammlung Blazek →

An Festtagen, Markttagen, oder bei sonstigen außergewöhnlichen Gelegenheiten, ist gewöhnlich die ganze Verwandschaft in seinem Hause versammelt; und da mein Bruder von Peine geschrieben hatte, er bringe unsern Brief von America mit, so war natürlich alles gespannt; und Albert muste den Brief der ganzen Famielie, welche mittlerweile einen Kreis um ihn geschlossen, vorlesen.

Nun kam denn auch der kleine Zettel an die Reihe, allein der Ehrenfeste Ellecke hielt dieses für einen Scherz von mir, bis ihn meine Cousinen eines besseren belehrten, indem Sie erzählten, das ich schon einmal von Milwaukee aus, in dieser Sache an Sie geschrieben.

Sobald er sich nun überzeugt hatte, daß ich nicht Scherze, ging er sofort an's Werk. Er setzte sich in Positur, um bei Frau Rittmeisterin Fricke erscheinen zu können, und wenn möglich, meinen Wunsch zu erfüllen. Jetzt war meine Sache in guten Händen; denn Ellecke ist nicht der Mann der so leicht etwas aufgibt, was er einmal angefangen; auch weiß er sich als tüchtiger Geschäftsmann zu bewegen, und wie er sich Damen gegenüber, und in Liebesangelegenheiten verhalten hat, wollen wir aus seinem eigenen Briefen an Dorette ersehen.

Frau Rittmeisterin Fricke hatte ihn freundlich empfangen, und nachdem Sie den Zweck seines Besuchs erfahren, ihn freundlich gebeten, sich einige Tage Passiv zu verhalten; indem Sie die andern Famielien(-)Mitglieder davon in Kenntniß setzen wolle, und deren Rath und Meinung darüber einholen –. Nun war die Famielie zusammen gekommen und da sich Niemand meiner so gut erinnerte, als Schaedtlers, (Johanne war nicht anwesend) und diese von jeher unser Verhältniß gebilligt hatten, denn Caroline hatte immer gesagt, wir sähen uns ähnlich, und würden uns deshalb auch Heirathen, so gab Sie natürlich den Ausschlag zu meinen Gunsten, und Fr. R. Fricke unternahm es, Ellecke anzuzeigen,

---

[15] Carl Elleke I (1814-1871), der geistige Stifter der meisten niedersächsischen freiwilligen Feuerwehren, war es, der den Plan eines Zusammenschlusses zu einem Feuerwehrverband ins Auge gefasst hatte. Elleke, geboren am 9. April 1814 und wohnhaft im Hause Fritzenwiese 2 in Celle, übte den Beruf des Posamentierers aus und stellte als solcher Besatzstücke her. 1861 gründete er eine Turnabteilung im Arbeiter-Bildungsverein von Celle. Am 17. April 1864 wurde Elleke zum 1. Kommandeur der neu gegründeten Freiwilligen Feuerwehr Celle (im Protokoll: „Rettungsgesellschaft") gewählt. Matthias-Blazek.eu.

das die Famielie nichts dagegen habe, wenn er sich in meinen Namen an Dorette wende, und händigte ihn zu diesen Zwecke Ihre Addr: ein.

Dorettens Mutter hatte mit Wiederstreben ihre Einwilligung dazu gegeben, hatte aber sicher geglaubt das Dorette nun und nimmer nach America gehen würde. Da nun Ellecke die Addr: hatte, so schrieb er sofort, und zwar auf eigene Verantwortung folgenden Brief:

Fräulein Dorette Meyer in Bremen.

Celle d 4/1. 1855.

Ich entlade mich heute eines wichtigen Auftrages indem ich mich vertrauensvoll im Auftrage meines Cousens Carl Wippo aus Peine, jetzt amerikanischer Staatsbürger im Staate Illinois der Stadt Chicago an Sie wende, und zwar mit der freundlichen Bitte! mir aufrichtig sagen zu wollen, ob, wenn Sie noch für ihr folgendes Leben nicht entscheiden haben, wenn Sie noch keinem Manne angehören, ob Sie sich dann wohl entscheiden könnten mit Ihm, Carl Wippo durchs Leben zu pilgern, an Seiner Seite Lust und Last im gleichen zu ertragen. Es wird Ihnen mein geehrtes Fräulein sehr auffallend erscheinen, daß ein Fremder, Ihnen unbekannter Mann, eine solche Sprache führt, und es ist am Ende an mich, mich etwas zu rechtfertigen. Ich ein alter Deutscher, liebe nur Gradheit, deshalb so kurz und bündig, und es gereicht mir zur großen Freude, das ich ihre Frau Schwester, die Frau Rittmeisterin Fricke, mit welcher ich bereits über alle dieses sprach, so gut Deutsch gefunden habe.

Es bestimmt mich dieses noch um so mehr, bei Ihnen auch meine alte farbenlose Gewohnheit zu beachten, und nur die Sache als solche zu behandeln den bunten Ausputz ganz zu beseitigen.

Ich weiß nun nicht, ob Ihnen Carl Wippos Abreise von Deutschland ganz genau bekannt ist aber ich kann Ihnen doch am Ende einiges darüber mittheilen. Es sind wohl bald einige Jahre, als derselbe von hier abreiste, um in America, wie er hoffte, besser zu bestehen als in seinem Vaterlande. Er hatte nicht das Geld, unbeschränkt nach dort zu kommen, sondern lieh sich von einem Mitreisenden noch 20 rT, um an sein gestecktes Ziel zu gelangen, und jetzt schon hat er seine Eltern und jüngern Bruder noch dort für seine Rechnung kommen lassen.

Er hat nun in mehreren Schreiben, seine Erkundigungen nach Sie fortgesetzt, aber nicht in meinem Hause, sondern bei seinen andern Verwanten, hat dort wohl keine befriedigende Antworten erhalten, und wünscht nun auf das bestimmteste, durch seinen Stiefbruder und mich zu erfahren, um was ich Sie schon oben gebeten habe mir mitzutheilen.

So habe ich es denn übernommen, für Ihm zu reden. Ich habe mich zu diesem Ende an Ihre freundliche Schwester, Frau Rittmeisterin Fricke gewandt, um durch dieselbe zu erfahren, wo Sie im Augenblick zu finden wären; nach kurzer Besprechung mit der Dame, kamen wir darin überein das ich mich so lange Passiv verhalten wolle, bis die Famielie darüber berathen habe, dieses ist nun, wie mir am 30/12. 54. von gedachter Dame mitgetheilt worden geschehen, und mir der Auftrag geworden, mich selbst an Sie zu wenden; was ich denn auch mit Vergnügen thue.

Ich erlaube mir nur einige Worte zu wiederholen, welche ihre Frau Mutter bei gedachter Mittheilung geäußert haben soll: Es sei Ihr noch vollkommen bewußt, daß zwischen Ihnen und Carl Wippo ein freundliches Verhältniß stattgefunden habe. Sie sei mit einer Ehelichen Verbindung zwischen Sie beide vollkommen einverstanden, und würde solchen Bund nur segnen.

Ich ersuche Sie nun noch freundlich bittend, mir recht bald eine freundliche aber auch wohlbedachte Antwort zu geben, damit ich meinen Cousen über sein ferneres Schicksal mittheilen kann.

Ihrer baldigen freundlichen Antwort harrend

zeichne hochachtungsvoll ergebenst

C. Ellecke.

Dorette hatte mir also von Scharnebeck zum letzten male geschrieben, und seit jener Zeit, hatte ich nicht das geringste von Ihr erfahren; hatte mir auch keine Mühe gegeben, obgleich es ein leichtes gewesen wäre einmal nach der nur einige Meilen entfernten Müggenburg zu reisen. Auch fuhr ich von Zeit zu Zeit mit der Eisenbahn nach Celle, und hätte dann nur dort aussteigen können um Schaedtlers „gelegentlich" zu besuchen, wo ich sicher trotz alledem eine freundliche Aufnahme gefunden hätte. Allein ich wollte ja einmal nichts mehr von Ihr erfahren, und suchte Sie ja so viel wie möglich nicht mehr in Erinnerung zu bringen.

Auch Dorette hätte wohl einmal wieder an mich schreiben können, da es Ihre Schuld war das unser Verhältniß zum zweiten male gelöst wurde; oder vielmehr war es an Ihr mich wissen zu lassen, das Sie mich trotz alle den Wiederwärtigkeiten womit wir zu kämpfen hatten, dennoch Liebe, und mir gut geblieben war. Allein es geschah nicht, und so blieben wir die langen Jahre getrennt, nicht die geringste Nachricht von einander habend.

In Scharnebeck war auch ein Lehrer welcher von heiliger Liebe durchglüht, Dorette einen Heirathsantrag machte; allein ein Schulmeister und Dorette Meyer! welche kaum zwanzig Jahre alt und gewohnt war, auf großen Oekonomien den Haushalt zu führen; Sie konnte sich nicht entschließen einen Schulmeister zu heirathen, und Sie wies ihn daher Hohnlachend ab, sich bei jeder Gelegenheit über ihn lustig machend.

Trotz alle dem hatte der arme Mensch die Hoffnung nicht aufgegeben, und als er nach Verlauf von zwei Jahren nachdem er eine gute Lehrerstelle erhalten, und nachdem ihm die Gemeinde ein schönes neues Haus gebaut nochmals an Dorette schreibt, und nochmals anfrägt, ob Sie nicht die seinige werden wolle, da schreibt Sie Ihm in ihrem Uebermuthe: Sie freue sich das er jetzt in den Hafen der Ruhe eingelaufen sei; Sie aber wolle ihr Schiff weiter steuern bis es in den Hafen von New York einlaufen würde; Natürlich dachte Sie nicht daran daß Sie jemals nach America gehen würde.

Ihr Vormund hatte Sie in seinem Interesse nach Scharnebeck gebracht, dort muste Sie für wenig Geld viel arbeiten und war nebenbei noch unter die strengste Aufsicht gestellt, so daß Sie dort ihres Lebens nicht recht froh werden konnte.

Sie blieb daher nur ein Jahr dort, und kam dann zurück nach Celle, um von hieraus sich um eine bessere und freundlichere Stelle zu bemühen, und wo möglich in der Nähe von Peine eine Stelle zu bekommen, wo Sie mich denn wieder zu treffen hoffte, da Sie wußte, daß ich als Sattler auf den umliegenden Gütern auch arbeite. Und wirklich bot sich Ihr auch bald die beste Gelegenheit hierzu.

Sie laas in den Zeitungen, das auf dem Gute in Rosenthal bei Peine eine Haushälterin gesucht werde. Sofort schreibt Sie dort hin, das Sie eine solche Stelle suche.

Mittlerweile kommt Herr v. D. zu uns, indem wir seine Sattlerarbeit machten und frägt Mutter, ob Sie ihm keine gute Haushälterin wisse, er möge gern eine haben welche Sie ihm recommandire, und Mutter zufällig ein junges Mädchen wissend, schlägt ihm dieselbe vor. Jetzt sagt er: es hat mir da Eine von Celle einen recht schönen Brief geschrieben, wenn die so ist wie Sie schreibt, dann mögte ich die wohl haben –; doch Mutter sagt, das Pappier ist geduldig, wer weiß was das für eine ist, nehmen Sie nur die, welche ich Ihnen vorschlage. Und so kam es auch. Dorette wurde abschläglich beschieden. Sie hatte Sich das Zusammentreffen mit mir, schon so schön vorgestellt; aber es ward nichts daraus; denn Mutter hatte den Plan, mit ein par Worten, vereitelt; natürlich Unwissend.

Jetzt nahm Sie die nächste beste Stelle, welche sich ihr bot, an; und dieses war in Lamspringe.

Das war indessen weit von Peine –; und durchaus keine Gelegenheit, mit mir zusammen zu treffen, allein dieses schien nie ernstlich versucht zu sein, und nur dem Zufall überlassen zu bleiben; auch war ja Dorette in jenem Alter von welchem das bekannte Lied sagt:

Ach die zwanzig! ach die zwanzig! Wie so leicht durch's Leben tanze ich e.t.c. In dem kleinen Städtchen war es im Kreise der jungen Leute recht gemüthlich, und Frohsin und Vergnügen war dort zu Hause. Kein Wunder also daß Carl Wippo so bald wieder vergessen wurde und Dorette dort so gern war –.

Sie hatte hier ein Haus gefunden, in welchem Sie als zur Famielie gehörend behandelt wurde.

Die neun Töchter des Hauses wovon zwei verheirathet waren, halfen bei den häuslichen Arbeiten und so ging die Zeit in Lust und Freude dahin.

Aber nicht nur deshalb war Dorette dort so gern, sondern es war auch noch eine andere Persönlichkeit dort, in deren Nähe sie so gern war, und welche bald ihr Herz erobert hatte. Dieses war der Verwalter Fritz Diekmann.

Als Dorette ihn zum ersten mal sah, fühlte Sie wohl, daß ihr dieser Mann nicht gleichgiltig sei und Sie muste sich selbst sagen, das die Nähe dieses Mannes ihrer ersten Liebe mit der Zeit gefährlich werden könne, zumal bei stetem Zusammensein; und da die Wahrscheinlichkeit sehr ferne lag, daß wir uns jemals wie-

dersehn würden. Zudem war es ein sonderbarer Zufall das Fritz Diekmann mir sehr ähnlich war; das hat mich Dorette mindestens oft versichert wenn wir von alten Zeiten geplaudert, und ich ihr vorwürfe gemacht habe, daß Sie mir nicht treu geblieben sei –. Auch sagt Dorette noch, daß er mir nicht allein ähnlich sehe, sondern Größe, Wuchs, Gang, Kleidung, kurz alle Fehler und Mängel – wie alle sonstigen Einzelheiten des Characters habe er mit mir gemein gehabt.

Daher kam es denn auch das Sie Ihn später immer Carl nennen wollte, weil Sie den armen Fritz nicht leiden mogte, und Ihm von ihrer ersten Liebe und Ihrem Carl erzählte.

Sie liebten sich, ohne es sich gegenseitig gestanden zu haben, seit ihrem ersten Zusammentreffen, doch waren Sie beide noch jung, und Diekmann konnte noch lange nicht daran denken, eine Oekonomie zu pachten, oder sonst etwas anzufangen; daher sein Stillschweigen anfänglich.

Zwei und ein halbes Jahr waren indessen in Lust und Freude vergangen, und wie Liebende alles im rosigsten Lichte erblicken und das beste Glück voraussetzen, hatten sich Diekmann und Dorette verlobt, in der hoffnung so bald als thunlich eine Oekonomie zu pachten.

Doch diese war nicht so leicht gefunden; und eines schönen Tages hatte Dorette einen kleinen Wortwechsel mit der Frau des Hauses, welcher zur Folge hatte, das Sie von Lamspringe fortging; trotz aller Bitten von Seiten der Famielie L. als von Diekmann: Ihr Entschluß war unabänderlich gefaßt. Fort wollte Sie jetzt auf jedenfall, wenn Sie sich auch mit schwerem Herzen trennen muste. Allerdings wäre Sie gern in der Nähe des Geliebten geblieben, aber einestheils besaß Sie zu viel Ehrgeiz um im geringsten Nachzugeben in Sachen wo Sie recht hatte; und anderntheils glaubte Sie auch es sei besser wenn Sie nicht so lange auf einem Gute bleibe.

Sie reiste daher einstweilen zu ihrer Mutter nach Celle; nahm aber sofort nach Ankunft daselbst die Stelle in Langenhagen bei Hannover bei herrn Obergerichts=Director S. an. Frau S. war eine Cellenserin und mit Dorette und ihren Schwestern wohl bekannt, daher hatte Sie dort eine ganz angenehme Stellung. Allein es währte nicht lange so wurde der Obergerichts=Director S. nach Celle versetzt, und da Dorette nicht in Celle sein wollte so nahm Sie jetzt die Stelle in Seesen, auf dem Gute des Rittmeisters Reinecke an. Derselbe hatte Sie schon haben wollen, als Sie von Lamspringe abging; und war jetzt froh, das Sie kommen wolle.[16]

Seesen liegt am Fuße des Harzgebirges, drei Stunden von Lamspringe. Eine herrliche Berg=gegend umgiebt das Städtchen, und seine Bewohner sind das

---

[16] Das Braunschweigische Adressbuch von 1858 nennt den (Königlich Hannoverschen) Rittmeister a. D. Rittergutsbesitzer Wilhelm Reinecke als Vorsitzenden der Seesener Stadtverordneten. 1842 wurde der „Rittmeister Reinecke auf Seesen" zum Abgeordneten der vierten ordentlichen Landtags gewählt. Der Major und Gutsbesitzer Johann Wilhelm Reinecke (1792-1875) hatte 1823 Anna Dorothea Regine Stock (1803-1871), Tochter von Otto und Marie Stock, geheiratet. Das „Braunschweigische Adreß-Buch für das Jahr 1845" nennt „Wilhelm Reinecke, Rittmeister auf Seesen".

fröhlichste Volk der Gegend; die schöne Berühmte Harz=Musick hat hier ihre theilweise Heimath –, und sicher hat Dorette hier die fröhlichste Zeit ihrer Jugend verlebt. Concerte, Bälle, Theater, Landparthien sind an der Tagesordnung und Dorette durfte ja niemals und nirgends fehlen.

Auch die Herrn Verwalter von Lamspringe waren viel auf den Seesener Bällen zu sehen –, und die Lamspringer Pferde mußten oft den Weg in unglaublich kurzer Zeit zurücklegen, wenn man sich in Seesen oft nicht zu rechter Zeit von der fröhlichen Gesellschaft trennen konnte.

Der alte Rittmeister war ein alter deutscher Haudegen, dabei aber freundlich und Wohlwollend gegen seine Umgebung; und da Dorette ganz nach seinem Geschmack kochte und überhaupt ihrer dortigen Stellung gewachsen war, so war er nur besorgt, Sie auf seinem Gute zu behalten. Manches andere gefiel Ihr jedoch in der Wirtschaft nicht, und nach Ablauf von ein und ein halbes Jahre geht Sie von Seesen fort.

Alwina Brandt die Tochter des Försters Brandt in Seesen war unterdessen ihre intimste Freundin geworden und keine Mußestunde verging, die Sie nicht im Kreise der lieben Famielie Brandt zubrachte. Kein Famielienfest wurde gefeiert an dem nicht Dorette zugegen war und kein sonstiges öffentliches Vergnügen ward besucht, zu dem nicht Dorette durch Brandts eingeladen war. Inzwischen war Ida Brandt eine Schwester von Alwine auf kurze Zeit zu Hause gekommen, und ebenfalls mit Dorette befreundet geworden. Dieselbe conditionirte in Bremen, und wünschte nichts sehnlicher als das Dorette ebenfalls dorthin kommen möge; damit Sie doch dort eine Freundin habe, Sie wolle dafür sorgen daß Sie eine gute Stelle bekomme. Dorette versprach Ihr denn auch zu kommen, falls sich eine gute Stelle fände, obgleich Sie doch am Ende lieber auf einer Oekonomie sein wollte als in der Stadt, und namentlich in der Ihr unbekannten Stadt Bremen. Doch bald schreibt Ida Brandt das eine ausgezeichnete Stelle bei Fr. v. Lengerke offen sei, und das Sie an dieselbe schreiben möge.

Während dem fragt der Rittmeister eines Tages: Dorette haben Sie schon eine Stelle? Nein sagt Sie; ich gehe aber vieleicht nach Bremen; Was wollen Sie denn in Bremen? Das sind ja gar keine Stellen für Sie! Nun, sagt Sie, ich kann ja von da noch nach America gehen.

Frau v. Lengerke war mit Rittmeister Reinekes verwandt, und als Sie aus Dorettens Briefe ersah das Sie bei Reinekes in Seesen sei, schrieb Sie natürlich an dieselben um sich über Dorette zu erkundigen.

Frau Rittmeisterin empfahl Sie denn auch aufs wärmste, und schrieb denn auch unter andern: Wenn Sie will, thut Sie auch gar nichts. Indessen hatte Sie dieses durchaus nicht als Impertinenz hingestellt, sondern wie schon gesagt aufs wärmste empfohlen, und bei einer späteren Gelegenheit, als Frau v. Lengerke Dorette gefragt hatte, ob Sie wohl eine Austerpastete backen könne, und Dorette verneinend geantwortet, da hatte erstere gesagt, daß Frau Rittmeisterin geschrieben: Wenn Sie will dann kann Sie alles; wenn Sie aber nicht will; dann thut Sie gar nichts –.

Frau v. Lengerke, wir wollen Sie Gretchen v. Lengerke nennen, war ohngefähr fünf und sechzig Jahre alt, eine hohe stattliche Figur von starkem Körperbau und strengen man könnte fast sagen männlichen Gesichtszügen; dazu mit einem Auge blind, welches in aufgeregtem Zustande, unheimlich rollend, Ihr ein wahrhaft abschreckendes Ansehn gab. Ein jähzorniges Temperament, setzte ihren ohnehin nicht sehr einnehmenden Äußeren noch die Krone auf. Dazu war Sie so geizig, oder gelinder gesagt, oekonomisch, das Sie die Knochen von den Braten welche von der Tafel kamen, zerstampfen ließ, um Suppe davon zu kochen; und oft war es sehr spaßhaft anzuhören, wenn der alte achtzigjährige Herr bei Tische fragte, wenn Geflügel gegessen wurde, Gretchen werden diese Knochen auch gebraucht? und Gretchen dann antwortete: Nein lieber Henry die kannst du abpulen –.

Als Dorette diese Frau zum ersten male sah, wäre Sie gern sofort wieder abgereiset. Allein Sie schämte sich solche kindische Furcht zu zeigen, und beschloß daher, es mit Ihr zu versuchen –.

Doch wollen wir Ihr auch Gerechtigkeit wiederfahren lassen, und deshalb zugleich sagen, das Sie sehr Edeldenkend war, und wenn Sie auch den Armen geradezu nichts gab, so ließ Sie doch alle ihre Arbeiten durch arme Handwerker machen, um ihnen Gelegenheit zu geben, etwas zu verdienen. Ueberhaupt war sie sehr besorgt für das Wohlergehen ihrer Untergebenen sowie aller derjenigen, welche irgendwie von Ihr gekannt waren.

Herr v. Lengerke hatte vier Schiffe, welche zwischen Bremen und New York fuhren. So hatte Sie unter andern einmal zu einem der Capitaine gesagt er solle den Auswandereren (sic!) doch recht viel getrocknetes Obst geben, das sei sehr gesund –.[17]

Der Capitain bringt nun bei seiner Zurückkunft eine außergewöhnliche hohe Rechnung ein; und auf befragen, wie er dazu komme so viel Obst mitzunehmen, antwortet er, daß Frau v. Lengerke: In diesen Sachen hat meine Frau nichts zu befehlen, darüber commandire ich. Das darf nicht wieder geschehen.

Der alte Herr war achtzig Jahre alt etwas über mittlerer Statur, und für sein hohes Alter noch sehr thätig; hatte jedoch seine Schiffe und Waarenlager verkauft

---

[17] Johann Heinrich von Lengerke (* Bremen 24. Oktober 1776, † Bremen 21. Februar 1856) war Kaufmann und Reeder. Er besaß vier Schiffe, die von Bremen nach New York gingen. Er hatte zwei Kinder mit Margarethe Dorothea Schepeler (* Bremen 17. Oktober 1794, † Bremen 25. September 1861), die er am 4. Mai 1824 in Bremen heiratete. Eins der Kinder starb bereits als Baby, während Johann Heinrich von Lengerke (* Bremen 9. Januar 1825, evangelisch, † Steinbeck bei Salzuflen 10. November 1906) überlebte und zudem eine interessante Karriere machte. Er wurde Doktor der Rechtswissenschaft, Fürstlich lippischer Wirklicher Geheimer Rat, war 1852 bis 1865 Syndikus der Bremer Handelskammer, dann 1887 bis 1890 Mitglied des Deutschen Reichstags für den Wahlkreis Fürstentum Lippe (Detmold, Lemgo) und die Nationalliberale Partei, MdL Lippe-Detmold, Präsident der Lippischen Ritterschaft, Landtagspräsident und Rittergutsbesitzer. Er heiratete am 5. März 1857 in Bremen Wilhelmine Smidt (* Bremen 29. Oktober 1837, † Steinbeck 13. August 1899), mit der er drei Söhne und eine Tochter hatte. (Haunfelder, Bernd, Die liberalen Abgeordneten des Deutschen Reichstags 1871-1918, Aschendorff, Münster 2004, S. 254 f.)

und war nur noch in Geld=Geschäften in America interessirt. Die Bravheit und Gutherzigkeit sprach aus jedem seiner Worte; und was Gretchen zu launisch und Jähzornig war, war Henry Sanftmüthig und Gutherzig.

Der einzige Sohn, Heinrich v. Lengerke ein hochaufgewachsener Mann, war Stadt=Syndicus in Bremen; wohnte aber in einem andern Hause, um nicht unter der Controlle der Mutter zu stehen – und kam nur zum Essen; und wenn die Stachelbeeren, Kirschen u.s.w. reif waren, ließ er sich's wohl schmecken.

Fräulein Otte eine alte Jungfer aus Celle war von Lengerkens adoptirt. Schwächlich und klein von Statur, sich wenig um den Haushalt kümmern, aber eine ausgezeichnete Gesellschafterin, und Doretten eine liebe Freundin.

Lisette Meyer Kammerjungfer bei Fr. v. Lengerke war ebenfalls eine gute Gesellschafterin und Freundin von Dorette.

Nun waren noch die Kochin, ein Hausmädchen der Bediente Wilhelm, ein Gärtner und ein Haushofmeister –. Jeden Donnerstag war große Gesellschaft, oder offenes Haus, und wo es dann natürlich „hoch" herging; die ersten Kaufleute Bremens waren von Alters her die gerngesehenen Gäste, und Alt und Jung fanden hier diejenige Unterhaltung, die Ihnen am besten zusagte.

Eines Tages kommt Frau v. Lengerke zu Dorette und sagt Morgen ists Donnerstag und ich hätte gern ein par Taburets neu überzogen, sollten Sie das wohl können? Sie können ja sonst alls (sic!) machen! und da Dorette solche Arbeiten Spaß machten, so versuchte Sie es, und fertigte dieselben so gut, daß Frau v. Lengerke ausrief: Dorette Sie müsten jedenfalls einen Tapezierer heirathen, da könnten Sie im Geschäft viel mit helfen –. Jetzt polsterte Sie auch noch ein par Fußbänke für sich und Lisette und während Sie damit beschäftigt war, erzählte Sie derselben, daß Sie einst einen Geliebten gehabt habe, welcher Tapezirer gewesen sei, und wenn Sie nur wüste wo er sei, so würde Sie einmal wieder an Ihn schreiben –.

Vier und zwanzig Stunden später erhielt Sie den vorerwähnten Brief von Carl Ellecke (Seite 86 [Anm.: hier S. 66]). Als der Brief kommt, hüpft Sie ihm entgegen einen Brief für mich? Dann sind Sie auch der beste in Bremen; ja wenn Sie Fräul. Meyer heißen? Nachdem Sie die Addresse gesehen, ist die Freude fast aus, denn die Schriftzüge sind Ihr unbekannt; Sie öffnet und entfaltet das Pappier, sieht zuerst nach der Unterschrift, und denkt, was kann dir denn der wollen? denn Sie kannte Ihn nur sehr wenig –. Doch als Sie den Anfang des Briefes gelesen, und nur meinen Namen gesehen, und gelesen daß ich in Amerika (sic!) sei, da weiß Sie schon um was es sich handelt, und ohne nur weiter zu lesen, springt Sie die Treppe hinauf und ruft leise in den Saal hinein: Lisette! Lisette! ich gehe nach America!

Es war Donnerstag Abends und Lisette eben beschäftigt, der Gesellschaft den Thee zu serviren wie muste dieselbe da nicht an sich halten, um nicht aus dem Tackt zu fallen, denn Sie glaubte fest, daß Dorette Ihr wieder irgend einen lustigen Streich spielen wolle. Sie bat Sie flehete, Dorette möge doch hinuntergehen um Sie nicht confuss zu machen, allein Dorette weidete sich an Ihrer Verlegen-

heit, und blieb dabei: ich gehe nach America –; wollen Sie mit? rief Sie noch einmal, und wandte sich dann, die Treppe rasch herab fliegend nach ihrer Stube, um jetzt ungestört das Elleck'sche Schreiben lesen zu können.

Nachdem Sie dasselbe mit Ruhe durchgelesen, war ihr Entschluß gefaßt; Ich gehe nach America, widerholte sie sich, und werde mich weder von Mutter noch Verwandten abhalten lassen. Am andern Morgen zeigte Sie Frau v. Lengerke den Brief, mit dem Bemerken, daß Sie entschlossen sei nach America zu reisen. Ja Kind! das habe ich Ihnen ja immer gesagt, das Sie mit ihren flinken Händen für America passen, erwiederte dieselbe. Aber was wird denn der – in Lamspringe dazu sagen? Das wird freilich eine schwere Trennung sein, allein Carl liebt mich aufrichtig, und wenn ich Ihnen jetzt zum dritten male eine verneinende Antwort schreiben wollte, nachdem Er zweimal von mir abgewiesen, und nun nach sieben Jahren zum dritten male aus so weiter Ferne an mich schreibt, dann müste er ja den Glauben an die Menschheit verlieren; und darum will ich nur gleich an hl. [hochlöblichen] Ellecke schreiben.

Bremen 15 Januar 1855.

Lieber Herr Ellecke!

Da Sie sich selbst ein Deutscher genannt, der vom guten alten Schlage ist, so darf ich auch wohl offen und frei als deutsches Mädchen mit Ihnen reden; da ich überhaupt in keiner Weise Verstellung liebe, so will ich Ihnen ohne Hehl sagen, daß ich mich unendlich über ihren freundlichen Brief gefreut, aber noch mehr, daß Carl noch meiner liebend gedenkt.

Willig und gern folge ich dem Rufe in die neue Heimath, schon lange hat mich eine unwiederstehliche Sehnsucht dahin gezogen.

Daß Carl hinüber gegangen, weiß ich gar nicht doch den Abend vorher, ehe ich Ihren Brief bekam habe ich noch von Carl gesprochen, und schon seit lange gewünscht, den jetzigen Aufenthaltsort, wie überhaupt etwas näheres von Carl zu erfahren.

Ihr lieber Brief entzog mich allen Zweifeln und bot mir mehr, wie ich im Leben von Carl erwarten konnte.

Aber ich fürchte nur eins noch; Carl glaubt vielleicht, daß ich in Deutschland eben so glücklich gewesen bin, und mir wenigstens ein Sümmchen erspart habe; doch darin schlagt seine Hoffnung fehl. Ich habe Carl nichts, gar nichts zu bieten. Es ist hart, sehr hart es auszusprechen, doch ich kann nicht anders. Ist Carl mit mir wie ich gehe und stehe, zufrieden, ist es ihm genug, wenn ich Ihm ein treuliebendes Herz, und das feste Versprechen, Ihm das Leben so angenehm wie möglich, durch meine Liebe zu machen, mitbringe.

Alle Last will ich gern mit ihm theilen, und womöglich nach meinen Kräften gern erleichtern.

Aber nun ist noch eins zu bedenken, lieber herr Ellecke, und das wollen Sie auch gütigst Carl noch einmal recht ans Herz legen: Wie Carl mich zum letzten male gesehen, war ich zwanzig Jahre alt, und jetzt sieben und zwanzig die Männer altern wohl auch in sieben Jahren doch nur zu Ihrem Vortheile, in solchem Alter wie Carl steht; doch wir armen Mädchen nur zu unserm Nachtheile. Sollte Carl daß auch wohl bedacht haben? Meinen heitern, frohen Sinn den so leicht kein Wölkchen trübt, nehme ich mit hinüber; aber wenn ich Ihm nur nicht zu häßlich geworden bin, und er schickt mich wieder fort, daß wäre doch zu schrecklich.

Wenn Sie die Güte haben wollen, herr Ellecke, und mir Carls Addresse, wovon Ihnen meine Schwester gewiß schon gesagt hat, schicken oder eine Brief für Carl; denn von Bremen kommt er am sichersten und schnellsten über.

Ich mögte doch selbst meinem guten Carl danken und Ihn daß Versprechen geben, recht bald herüber zu kommen, und Ihm seine neue Heimath so angenehm wie möglich zu machen.

Ich will fleißig beten, daß unsere Briefe mit guten frischen Winde hin und zurück kommen desto eher kann ich ja auch dort bei Ihnen sein. Unbekannter Weise bitte ich um einen herzlichen Gruß an Ihre Frau Gemahlin; mit der größten

Hochachtung Ihre Dorette Meyer.

So war denn der Würfel gefallen, Dorette hatte sich entschlossen, mir in die neue Heimath zu folgen; sie schrieb daher auch sofort an F. Diekmann ihm ihre baldige Abreise nach America und Verheirathung anzuzeigen – – –. Die Nachricht traf ihn wie ein Blitz aus heiterm Himmel, doch schrieb er sofort zurück, daß er als vernünftiger Mann, nichts dagegen einzuwenden habe, indem er fürs erste noch keine Aussicht habe, sich verheirathen zu können.

Doch schon am nächsten Tage kam ein ganz anderes Schreiben. Nachdem der erste Schreck vergangen und Besonnenheit zurückgekehrt war, war es ihm unendlich leid, überhaupt einen solchen Brief abgeschickt zu haben, und er suchte nun wieder Gegenvorstellungen zu machen, und eine baldige Vereinigung mit Ihr in Aussicht zu stellen; Allein Dorette hatte schon an Ellecke geschrieben, wie wir eben gesehen haben, und konnte deshalb nicht sehr wohl wiederrufen was Sie eben geschrieben. Zwar liebte Sie Diekmann und hätte ihn gern geheirathet, aber jetzt war es zu spät –; die alte Liebe zu ihrem Carl war wieder erwacht, die Erinnerung längst vergangener Zeiten stand wieder lebhaft vor Ihr; und nichts konnte daher Ihren Entschluß wankend machen.

Mein Bruder Albert Quaritsch hatte inzwischen von Ellecke erfahren, da Ihn letzterer auf seiner Geschäftsreise besuchte, daß Dorette noch die Meinige sei, und bereit sei, mir in die neue Heimath zu folgen. Er schrieb deshalb sofort, um auch das Seinige mit beizutragen, an Dorette den Inhalt des Zettels (siehe Seite 82.) und bemerkte falls Ihr daran gelegen sei, das Original zu schicken.[18]

---

[18] Johann Friedrich Albert Quaritsch war Carl Wippos Stiefbruder. Er wurde am 1. Mai 1815 in Lüneburg geboren und arbeitete als Sattlermeister in Peine, wo er am 2. September 1890 starb. Er war zweimal verheiratet, und zwar zunächst mit Ilse Marie Juliane Denecke (* 1802 in Stederdorf bei Peine, † 6. Februar 1844 in Peine). Albert Quaritsch war ein uneheliches Kind von Johann Josias Gottfried Quaritsch (* 17.11.1787 in Ellrich, † 19.11.1841 in Walkenried), Lehrer und Kantor in Braunschweig und später in Walkenried, und Lucie Georgine Friederike Heyer (* 30.05.1794 in Gifhorn, † 07.11.1874 in Peine). Im Geburtsjahr von Albert Quaritsch 1815 heiratete der Vater Johanne Henriette Wilhelmine Brandt (* 30.05.1790

Hierauf schrieb Dorette in folgenden Worten: Vielen Dank für Ihren freundlichen Brief, lieber herr Quaritsch, es war mir sehr lieb noch einmal von Ihnen zu hören u.s.w.

Sie werden mich für den ungläubigen Thomas halten, wenn ich Sie noch freundlichst bitte, mir das Zettelchen zu schicken, welches Carl ja selbst für mich bestimmt hat etc. Es währt ja gewiß noch sechs Wochen, bis ich von Carl eine Antwort bekommen kann, und da ich in so langer Zeit nichts von ihm gehört, so können Sie mir meine Bitte nicht übel deuten und Sie auch gewiß nicht abschlagen. Während Sie nun auf den Zettel von Quaritsch wartete, um meine eigenen Schriftzüge zu sehen, und dann direct an mich zu schreiben erhielt Sie folgenden Brief von Ellecke –.

Fräulein Dorette Meyer in Bremen.

Celle d 18/1. 55.

Ihr Geehrtes vom 15. d. M. wurde mir durch ihre Frau Schwester Rittmeisterin Fricke heute eigenhändig übergeben. Ich kann nicht läugnen daß mir schon die Uebergabe des Briefes eine Freude machte; aber Ihr freundlich offenes Schreiben, freut mich noch mehr; ich habe dasselbe mehrmal gelesen habe beim ersten lesen allerdings nicht gedacht zu thun, was ich Ihnen jetzt schreibe.

Ich habe nemlich Ihren Brief, in ein von mir nur wenig beschriebenes Briefchen gelegt, und an Carl Wippo gesandt; denn ein so freundlich offenes aber auch bestimmtes Schreiben, kann einem Manne nur vom größten Wohlthun sein. Sein Sie überzeugt liebe Freundin (ich erlaube mir, Sie so zu nennen, mein Gefühl zwingt mich, so zu sprechen, Sie selbst haben mich dazu vermocht) ich kenne dieses Gefühl am besten, ich war 6 ½ Jahr Bräutigam, und bin 14 Jahr bereits verheirathet. Ich kenne diesen Eindruck bei einem Manne zu gut.

Sie werden mich anfangs gewiß tadeln, und denken: wie kann der Mann, meine Ihm gegebenen Worte, dem Manne überliefern mit dem ich später in Ehelichen Verhältnissen zu leben gedenke; aber Sie werden auch bei ruhigem Denken sagen: Ich habe nur gesagt, was Wahrheits liebende Menschen hören dürfen, und was Wahrheitliebende Menschen sagen würden! und das darf auch der wissen, der Sie liebt; denn gerade dem ist solches am Wohlthuendsten, für den ist daß zu hoch wichtig.

---

in Braunschweig, † 25.11.1859 in Ilfeld), mit der er einen Sohn und drei Töchter hatte – der uneheliche Sohne führte des Vaters Namen und wurde offenbar von ihm erzogen. (Archiv für Sippenforschung und alle verwandten Gebiete mit praktischer Forschungshilfe, 39. Jahrg., C.A. Starke, Limburg/L. 1973, S. 269 f.) Eine genealogische Übersicht aus dem Hause Wippo weicht von diesen Fakten leicht ab. Demnach hatte „Fredericka Maria Hyer (sic!)" von 1791 bis 1875 gelebt. Abgesehen von der schiefen Namensschreibweise: Sie wäre damit fünf Jahre älter gewesen als ihr Ehemann Conrad Wippo (1796-1873), den sie am Freitag, 13. Dezember 1822, geheiratet hatte. Offensichtlich kehrte die Witwe nach dem Tod ihres Mannes nach Peine zurück, wo sie selbst ein Jahr später starb.

Ich hoffe nun daß Sie meine Handlung nicht weiter tadeln, und sollten Sie dennoch Gründe dafür finden, Mich eines Vergehens in dieser hinsicht anzuschuldigen so seien Sie aber doch in Ihrem Straferkenntniß Milde.

Ich komme auf meiner Geschäftsreise noch in diesem Monate nach Bremen, kann aber den Tag nicht genau bestimmen; da erlaube ich mir Ihnen meinen Besuch zu machen; wenn dann die Strafe nicht zu groß ist, bin ich bereit Sie dort gleich zu büßen.

Ich habe schon bei den in diesen Tagen an Ihre Frau Schwester gesandten Briefe gesagt, Sie mögten durchaus auf mein Schreiben an C. W. keine Rücksicht nehmen; Ich bitte Sie nochmals darum, schreiben Sie ohngehindert an Carl.

Ich kann das nur billigen; und was an mich ist werde ich nichts unterlassen, die Sache rasch zum Ziel zu bringen. Ich werde an Carl auch noch in diesem Monate schreiben, vorzüglich über meine eigene Angelegenheit; da bin ich denn so frei die Uebermittelung Ihnen zu überweisen, oder wenn Sie wollen, nehme ich von Ihnen Briefe gern mit auf; es wird Ihnen dieses am Ende Auffallend erscheinen, daß ich an C. W. in meinen Angelegenheiten schreiben will, auch darin sollen Sie Auskunft haben. ich habe C. W. schon länger aufgegeben, Er soll sich für mich nach einer Farm, überall auch in Geschäftsverhältniß in allen erkundigen, denn ich habe 3 Söhne bis jetzt am Leben, und habe große Lust, für dieselben dort ein Grundeigenthum zu erwerben.

So leben Sie denn Wohl, und sein Sie von meiner Frau und mir auf das freundlichste gegrüßt.

Achtungsvoll zeichnet
C. Ellecke.

Nachdem nun Dorette obigen Brief gelesen, folgte Sie um so mehr ihrem Herzensdrange: an mich zu schreiben, als Sie ja nun auch noch besonders dazu aufgefordert ward. Sie schrieb daher einen vier seiten langen Brief, denn es war ja die Antwort auf meine abermalige Anfrage nach sieben langen Jahren –. Als Sie den Brief beendet und zur Post gebracht hatte, erhielt Sie erst den Brief von Albert Quaritsch mit den bewußten Zettel –. Sie hatte sich indessen einen ganz andern Zettel gedacht, etwa eine Einlage von einem halben Bogen, mindestens das enthaltend, was Ellecke Ihr im ersten Schreiben (siehe Seite 86) als Auftrag geschrieben hatte; und nicht solchen unbedeutenden fast nichts directes sagenden kleinen Zettel –. Sie war untröstlich hierüber, und glaubte nun sogar, ich triebe Scherz, und wollte mich vielleicht revangiren – für frühere Zurücksetzungen und d.gl. mehr. Sie ging zu ihrer Freundin Alwina Brandt und erzählte Ihr unter Thränen das Schreckliche –; auch hatte Sie sofort den Brief von der Post zurückholen lassen.

Doch bei ruhigeren Nachdenken, und durch das Zureden Ihrer Freundinnen, und Frau v. Lengerke und nachdem Sie Ellekes Brief noch einmal gelesen, und und (sic!) gefunden, das letzterer Ihren an Ihn gerichteten Brief doch sicher an mich abgeschickt habe, entschloß Sie sich denn doch, den Brief abzusenden. Der treue Wilhelm hatte denselben zurückgeholt, er muste ihn denn auch zum zweiten male wieder hintragen –.

Während sich nun dieses Alles in Celle und Bremen nach meinen besten Wünschen gestaltete, wozu ich sehr wenig Hoffnung hatte; hatten Wir oder wenigstens Ich hier in Chicago auch die wenige Hoffnung schon aufgegeben, etwas über Dorette zu erfahren, denn es waren fast fünf Monate vergangen, und keine Antwort keine Zeile kam zurück. Ich bereuete fast schon darüber nach Peine geschrieben zu haben.

Da am sechszehnten Februar 1855 früh Morgens als die Zeitung kommt, sagt Vater: es ist ein Brief an uns in der Liste! Das kann einer aus Deutschland sein; Allein ich glaubte das durchaus nicht, denn am 16 Febr. kamen ja erst alle die verspäteten und boshaften Valentines in die Briefliste; und ich hielt den Brief für einen solchen, und wollte deshalb durchaus den weiten Weg zur Post nicht gehen um mich über solche Dinge nicht etwa zu ärgern. Zudem lag fußhoher Schnee, und es Schneiete fortwährend dermaßen, daß es durchaus kein Vergnügen war, um einen möglicherweise Närrischen Valentine ein par Miles weit in solchen Wetter zu gehen. Doch die Eltern gaben es nicht so leicht auf, und blieben dabei, es könne eben so gut ein Brief aus Deutschland sein –; und so muste ich wohl oder übel zuletzt doch los um den vermeintlichen Valentine zu holen.

Als ich zur Post komme, ist es denn doch ein Brief aus Deutschland, mit den Postzeichen Bremen –. Wer kann dir denn von Bremen Briefe schreiben, denke ich, während ich denselben umdrehe und nach dem Siegel sehe.

D. M.? frage ich mich, und weiß in dem Moment nicht wer das sein kann, und doch überläuft es mich heiß; und ehe ich zur Besinnung komme habe ich den Brief erbrochen, und die theuren Schriftzüge meiner D. M. leuchten mir entgegen. Die ersten par Reihn versuche ich zu lesen, allein es ging nicht –; ich war zu freudig erregt, auch versagten mir die Augen den Dienst – – –. Ich rannte daher wie närrisch fort, bald meinen Brief hervorziehend und versuchend, ihn im gehen zu lesen; aber es ging nicht, bald ihn wieder beisteckend, um ihn eben so bald wieder hervorzuziehn.

Zu Hause las ich unter Jubel und Thränen den Brief vor; und Vater und Mutter sagten wie aus einem Munde nachdem ich beendet: „Ein schöner Valentine" daß.

Es war mehr als ich im Entferntesten gehofft hatte, und meine Freude war daher eine Wahrhaft Kindliche –. Dorette schrieb wie folgt:

Bremen d. 16 Januar 1855.

Mein lieber, guter Carl!

Ist es denn wirklich kein Traum? Alles dieses kann ich oft noch nicht recht fassen; ist es wirklich Dein Ernst, Dein fester Entschluß mein Herzens=Carl, mich zu Deiner Lebensgefährtin zu wählen? mich, die ich Dich so oft mit meinen Launen, meinen kindischen Einfällen beleidigt, und wehe gethan. Freilig war meine Mutter Schuld daran; doch ich hatte auch Schuld. Willst Du Alles, Alles vergessen, die ferne Vergangenheit vergessen? und nur Dich daran erinnern, und glauben, daß ich Dir trotz Allem, doch herzlich gut war, und Dir gut geblieben bin, bis auf den heutigen Tag? so bin ich gern und willig bereit Dir zu folgen.

Ich will Mutter, Schwestern, Freunde und Bekannte meine gute liebe Heimath verlassen, und Dir folgen in die neue Heimath. Ja, mein liebster bester Carl ich will kommen, und Dir auch dienen, oder darf ich wohl schon sagen <u>unsern</u> Eltern, das Leben süß und angenehm zu machen. Wie unendlich freue ich mich, einen liebenden gütigen Vater wieder zu finden; wie lange schon ist mir der theure Vater Name fremd; um so mehr werde ich mich bestreben recht bald die Liebe und Achtung meines guten Schwiegerpapas zu verdienen. Ich bin fast überzeugt, daß auch eine liebevolle zartliche Mutter die verwaiste Tochter empfängt; Sie war ja schon einmal in meinem Leben so freundlich gegen mich. <u>Meine</u> Mutter sehe ich im Leben nicht wieder, getrost kann ich Abschied von Ihr nehmen, die Arme und das Herz meiner zweiten Mutter werden mir gewiß geöffnet sein, sobald ich Ihre Liebe verdient habe.

Den besten Trost gewährt mir ja Deine Liebe, und Dein Vertrauen mein theurer Carl; denn wenn Du mich nicht liebtest, würdest Du mich nach so langer Zeit nicht mehr aufsuchen.

Doch mein Herz, hast Du auch Alles wohlweislich überlegt, sind Deine Eltern auch damit zufrieden, hast Du auch nicht geglaubt, daß ich in Deutschland eben solch Glück gehabt wie Du? nein mein Liebster das habe ich leider nicht; Du weißt ganz viel verdient man hier nicht, und mitmachen muß man doch etwas; ich kann doch dem laufe der Zeit, und den Moden in Deutschland nicht nachstehen. Auch trifft man oft sehr schlechte Stellen, wie ich jetzt unglücklicher Weise auch habe. Diese Frau weiß gar nicht, wie Sie mich, so wie alle Ihre Leute quälen und ärgern will; Du kannst Dir gar nicht denken wie glücklich ich bin, das ich befreit werde.

Ostern wäre ich doch weggegangen, wieder auf ein großes Gut bei Osnabrück, wo mir eine freundliche Behandlung zugesichert wurde.

Unendlich viel lieber nehme ich aber die Stelle ein, die Du mir bietest; Ich will gern arbeiten, so viel in meinen Kräften steht und Dir jede Last des Lebens so viel wie möglich erleichtern.

Ich denke recht bald Deine ganze Liebe wieder zu gewinnen, sobald Du Dich von meiner Liebe und meinem Vertraun überzeugt; aber Du must schon überzeugt sein, denn wenn ich Dich nicht liebte, würde ich dann zu Dir kommen? und wenn ich nicht ganz vertraute, würde ich <u>Alles</u> verlassen, und Dir folgen? –

Ich bin ganz von meinem Hauptsatze abgeschwächt. Willst Du mich denn auch <u>so arm</u>, wie ich bin, haben? Bist Du auch mit einem treuen Herzen, und meiner Liebe zufrieden? hast Du nicht Schätze, als Geld und eine gute Aussteuer auf die Waagschale gelegt? hast Du das, so thut es mir unendlich Leid daß wir Beide getäuscht sind; Du des Reichthums wegen, Ich Deiner Liebe die ich für so uneigennützig gehalten, sich über Alles wegzusetzen.

Noch einmal lege ich es Dir ans Herz, mein liebster Carl, es wohl zu bedenken. Daß ich Arbeiten kann und mag, brauche ich Dir nicht zu sagen, und Dir gern in Deinem Geschäfte behilflich bin so viel ich kann. Hast Du Alles wohl bedacht, und willst nur eine Hausfrau haben, die Dein Hauswesen in Ordnung hält so bin ich überzeugt, das Du mit mir zufrieden bist.

Eins lieber Carl ist noch zu bedenken: wie Du mich in Müggenburg zum letztenmale gesehen war ich zwanzig Jahr, jetzt aber sieben und zwanzig. Du bist freilich auch sieben Jahr älter geworden doch Ihr Männer altert in den Jahren, worin Du bist, nur zu Eurem Vortheile, ich freue mich schon darauf Dich zu sehen, wie Du Männlich und stark geworden, Ich bin aber häßlich und alt geworden, und fürchte daß Du ein langes Gesicht machst, wenn Du mich recht bei Licht besiehst.

Mir fällt eben ein, in America sind die Leute viel weiter wie hier, gewiß kann ich dort schon eine Maske bekommen, wenn ich Dir dann so nicht gefalle, binde ich eine hübsche Maske vor. Gefällt Dir das? Du siehst mein lieber Carl, an guten Humor, und guten Rath fehlt es mir noch immer nicht.

Dein Cousin hat meiner Schwester gesagt, wenn ich Deinen Wünsche folge leistete, so wolltest Du herüber kommen. Es steht ganz bei Dir, ob Du mich haben willst, ob Du ein armes Mädchen zur Frau haben kannst und magst. So gern ich Dich so viel früher umarmte, und so gern ich an Deinem Herzen glücklich wäre, so bedenke ich doch auch, das beschwerliche für Dich die Reise hin und her zu machen. Wolltest Du gern Deutschland noch einmal wiedersehen? Aber Deine Eltern hast Du ja bei Dir; und dann auch die doppelten Reisekosten, zumal Deine Braut Dir nichts bringt. Du weiß ja daß es Deiner Dorette an Muth nicht fehlt, das Sie sogar oft übermüthig ist; besonders jetzt bin ich sehr stolz auf Deine Liebe.

Ich komme gewiß auch allein glücklich über denn der Gott, der unsere Herzen in so weiter Ferne wieder zusammen führen will, wird sich die Freude nicht versagen können, uns in unserm Glücke zu belauschen. Mein liebstes Herz ich mag es Dir nicht zumuthen, die Reise hier her zu machen; nur schreib mir so bald wie möglich wieder, ist es denn, daß Du mich haben willst so komme ich mit dem ersten *Schiffe in Deine Arme, denn lange hällt (sic!) es mich nun nicht mehr hier; ich wollte ich könnte schon mit dem Briefe unter Seegel gehen, wie wollte ich den lieben Gott bitten, glücklich und schnell unser Schiff hinüber zu führen.*

Von New York holst Du mich aber ab nicht wahr? willst Du mir ein Schiff bestimmen, auf welchem ich kommen soll, oder soll ich Dir den Namen und den bestimmten Tag der Abfahrt des Schiffes schreiben? Kennst Du mich denn aber auch wieder? unter all den Menschen? Willst Du mir über alles nähere Auskunft schreiben?

Schon lange hat mich eine Sehnsucht beschlichen Amerika zu sehen, und war mit Schuld, das ich jetzt in Bremen bin, in diesem Hause wo ich gar nicht sein mag; ich glaubte aber ich könnte hier viel Geld verdienen, was aber bei den furchtbaren Geiz dieser Frau unmöglich ist; ich muß oft, wenn ich Ruhe haben will, mein eigen Geld ausgeben; bis Ostern halte ich es hier auch gar nicht mehr aus; ich gehe wenn ich nur irgend wegkommen kann, ein par Wochen zu Haus. Wenn Du selbst kommen solltest mein lieber Carl, gehst Du denn bald zu Schiffe? oder bekomme ich noch erst einen Brief, bitte laß mich nicht so lange in Ungewißheit, Du kannst Dir leicht denken mit welcher Sehnsucht ich Antwort erwarte.

Ich war ganz erstaunt, doch erstarrt keinesweges wie ich Deinen Brief bekam. Denk Dir wir hatten Abend=Gesellschaft von zwanzig Personen; ich muß alles Kochen besorgen. Trotzdem ich viel zu thun hatte war ich sehr guter Laune den Abend, führte die Andern aufs Glatteis, u.s.w. Auf einmal kommt der Briefträger; ich laufe Ihm entgegen mit dem Rufe: einen Brief für mich dann sind Sie auch der beste in Bremen. Der Brief kam mir so wunderlich vor, die Addr. war ganz unbekannt die Unterschrift Elleke ebenfalls; doch wie ich Dich als ehrenwerther Staatsbürger erkannte ging mir ein Licht auf –; weiter las ich nicht, da lief ich zu meiner Collegin, welche oben den Thee einschenkte, mit den Worten: Ostern gehe ich nach Amerika! Die meinte erst, es wäre einer meiner übermüthigen Laune, und wollte meinen Worten nicht glauben.

Den Abend vorher hatte ich noch von Dir gesprochen und gewünscht zu wissen, wo Du jetzt wohl seiest. Voriges Jahr habe ich schon bei Peiner mich erkundigt aber auch nichts erfahren. Nemlich (sic!) ich habe hier schon mehreres gearbeitet was Sattler Arbeit ist und unsere Frau meint, die andern verstehen das so gut nicht; deshalb muß ich immer unsere Sattler helfen; deshalb meinte Lisette den Abend ich müste noch einen Sattler zum Mann haben. dann könnte ich mit helfen; da sagte ich im Scherz <u>einen</u> Sattler wüßte ich den nehme ich gleich leider will Er mich nur nicht mehr.

Vier und zwanzig Stunden später kam der Brief Deines Cousins; denn der Sattler den ich meinte war kein anderer, wie der Staatsbürger Carl Wippo in Illinois.

Mittwoch Abend. Fortsetzung.

Heute Nachmittag bin ich bei Bödeker vorgegangen und habe mich erkundigt, wann die kl. Dampfschiffe hier abgehen; Eins geht nun am 8 Mai von hier ab, wenn Du mich dann schon haben willst, so komme ich mit dem herüber; Im Zwischendeck kostet es sechszig rT Gold, willst Du das auch wohl anwenden für Deine Frau? in vierzehn Tagen komme ich denn herüber, also kann ich Pfingsten schon bei Dir sein; wie allerliebst wäre das wenn wir das schöne Fest mit den Eltern dort feiern könnten. Mit einem Seegelschiff mögte ich nicht gern kommen, das ist so lange unterweges, und denn sind auch gar zu vielerlei Menschen darauf; und in der Cajüte kostet es 80rT Gold. Willst Du mir hierüber schreiben mein lieber Carl? ich schreibe Dir dann vorher noch einmal, damit Du keinesfalls zur unrechten Zeit in New York ankommst.

Eine Scene von Haus muß ich Dir schreiben: Erst bekomme ich einen Brief, worin meine Mutter mir bereitwillig, ganz gerührt von Deiner Liebe Ihre Einwilligung und Ihren Seegen giebt. Aber Sie wollte mich durchaus nicht bereden, nach Amerika zu gehen, das ganze sollte nur auf mich ankommen. Wie nun mein Brief ankommt, und Sie sieht daß ich fest entschlossen bin, seufzt Sie in einem fort. Julchen, ich weiß nicht, ob Du Sie kennst, sitzt da und wundert sich, die Ulmenstein meine andere Schwester reibt sich die Hände, und alle rufen wie aus einem Munde: Mein Gott, Dorette hat mehr Courage wie wir! nun in Gottes Namen, wenn Sie nur glücklich wird.

Ich bin so lange nicht zu Haus gewesen, ich will sehen ob ich mitte März hier wegkommen kann, und gehe dann so lange zu meiner Mutter. Hannchen habe ich es erst ganz kürzlich geschrieben und Sie gefragt, ob Sie mit wollte; ich habe noch keine Antwort. Es wird Ihr sich an Muth fehlen. Mit mir ist es ja auch etwas ganz anders. Mich erwarten ja die Arme und das Herz meines Bräutigams – O Carl! wie wollen wir glücklich und vergnügt sein, und unsern lieben guten Eltern, den Abend ihres Lebens erheitern, und angenehm machen. Bitte grüße Sie recht herzlich und freundlich von mir und bitte Sie in meinem Namen, Ihr Kind recht lieb zu haben, und es freundlich aufzunehmen. Auch bitte ich um einen freundlichen Gruß an Deinen Bruder, mit der Bitte die fremde Schwester nicht als fremd zu betrachten, sondern Sie als Freund und Bruder aufzunehmen.

Und endlich auch für Dich mein Carl! die besten wärmsten Grüße, und 100.000.000. Küsse, die ich Dir bald alle auf Deinen Mund drücken werde. Noch bitte ich um baldige Antwort. Ich könnte noch acht Seiten vollschreiben, doch ich will Dir Alles mündlich erzählen.

Mit der innigsten herzlichsten Liebe

Deine Dorette.

Welch' freudige Ueberraschung für mich, wie für uns Alle; vor einer Stunde noch hatte ich nicht die mindeste Hoffnung gehabt, jemals etwas von Dorette zu erfahren, und jetzt lag Ihr Liebe und Freude spendender Brief vor mir, mich über jeden Zweifel hinwegsetzend und die Versicherung gebend, daß unserer Verbindung nichts mehr im Wege steht, als die große Reise über den Ocean. Ich hatte daher nichts Eiligeres zu thun, als sofort zu antworten, ich war jetzt in der rosigsten Stimmung, und unfähig ins Geschäft zu gehen, ich muste an Dorette schreiben um beruhigt zu werden, und schrieb wie folgt:

Chicago d 16 Februar 1855.

Meine theuerste Dorette!

Diesen Morgen erhielt ich Deinen mir so lieben Brief, und beeile mich wie Du siehst, denselben sofort zu beantworten. O meine liebe, könnte ich statt dieser Zeilen Mündlich mit Dir reden, Dich an mein Herz drücken, das nur für Dich schlug, daß so lange die süße Freude, das glückliche Bewußtsein, von Dir geliebt zu werden, entbehrte, Was würde ich darum geben! Doch die Zeit wird ja hoffentlich nun nicht mehr fern sein; und wollen wir in dieser Zwischenzeit desto öfter schreiben.

Dein Brief meine liebe kam mir fast unerwartet, obgleich kein Tag vergangen ist, wo ich nicht an Dich gedacht, oder mit den lieben Eltern von Dir gesprochen hätte. Ich hatte nämlich bald nach der Ankunft der Meinigen, und zwar am 6 October v. J. an meinem Bruder geschrieben, er möge sich doch einmal nach Dir erkundigen, wo Du seiest, und ob Du noch nicht verheirathet seiest, und möge mir darüber schreiben. Ich habe nun von denselben bis heute noch keine Antwort erhalten. Desto überraschender und freudiger kam mir daher Dein Brief.

O, Dorette! glaubst Du, daß es auf der weiten Erde einen Menschen geben könnte, der Dich inniger und reiner liebte als ich? gewiß nicht!

Du wirst mir verzeihen, wenn ich einen kleinen Rückblick auf die Vergangenheit mache; es geschieht gewiß nicht im Tone des Vorwurfs, nur mehr darum, um Dir mein langes Schweigen erklärlich zu machen und wollen wir später nie mehr daran denken.

Nachdem Du mich zum zweitenmale von Dir gewiesen, nahm ich mir fest vor, Dich vergessen zu wollen, Dich aus meinem Herzen und Gedanken durch – Andere zu verdrängen. Es wollte mir indessen in Deutschland nicht gelingen.

Ich reisete im Jahre 1852 nach America, und glaubte die Zeit, der weite Ocean, und die neuen Verhältnisse in denen ich lebte, würden das Ihrige dazu beitragen; aber vergebliches Hoffen.

Die Gelegenheit auf Bällen, Concerten, Theater u.s.w. machte mich mit liebenswürdigen jungen Mädchen bekannt, wo es nur einer leisen Anfrage bedurft hätte und ich wäre Verheirathet gewesen; Allein stets und immer schwebte mir Dein geliebtes Bild vor Augen, und machte mich Kalt sein gegen alles; obgleich ich mir immer sagte: Dorette denkt nicht mehr an Dich oder ist längst eines andern Mannes Weib –.

Als wir uns kennen lernten, war ich zwar eben dem Knabenalter entwachsen -, aber deshalb war auch meine Liebe rein und feurig, es war meine Jugendliebe, meine erste und wird meine letzte sein –. Mein Wahlspruch war damals, „Nie eine Andere", und habe ich ihn bisher auch treulich gehalten. Sieben Jahre sind seit unserm letzten Zusammensein verflossen; welch eine Zeit! und doch ist es mir jetzt, als ob es kaum ein Jahr sei. Doch jetzt wird mir die Zeit lang; und bis Du nach überstandener Reise in meinem Armen und an meinem Herzen ausruhest, und ich Dir 1000000 Küsse auf den Mund drücken werde, ach wie lange wird mich da die Sehnsucht noch plagen welch' manche ängstliche Stunde werde ich noch harren. Doch auch diese Zeit wird hingehen, und wir werden dann auf Ewig vereint –.

Als Dein Brief kam, wußte ich gar nicht, wer mir von Bremen einen Brief schicken könne, ich kannte auch die Addr: nicht, als ich aber das Siegel sah und las D. M. da wurde es mir ganz heiß um's Herz, und als ich erst die bekannten und geliebten Schriftzüge sah, da schwand bei den ersten Zeilen jeder Zweifel. Ich habe noch Deine Briefe als Heiligthümer aufbewahrt, und wenn Du kommst, kannst Du Dich noch dabei amusiren.

Vater, Mutter und Albert sehen mit Freuden Deiner Ankunft entgegen, und lieben Dich nicht minder als unsere Mutter in Celle darf ich wohl schon sagen; zumal da Dich Vater und Mutter schon kennen. Dieselben haben nur einen Wunsch, und dieser ist: Mich mit Dir vereint glücklich zu sehen. Denn da ich vor denselben nie ein Geheimniß hatte, so wußten Sie von Anfang an bis jetzt *meine geheimsten Wünsche. Doch genug hiervon –. Ich muß Dir jetzt einen kleinen Verweis über Deine Anfragen geben: Ob ich auch Alles wohlweislich überlegt hätte? Ob ich Dich auch ohne Geld haben wolle. Ich habe von Anfang unserer Bekantschaft Deine Verhältnisse recht gut gekannt, Du selbst machtest mich noch darauf aufmerksam, und folglich weißt Du das ich es weiß; ist es Dir nun noch nicht Beweis genug von meiner Liebe, wenn ich nachdem Du mich zweimal abgewiesen –, nachdem bereits Jahre verflossen sind, ich Dich zum drittenmale aus weiter Ferne aufsuche, Dir Reisegeld schicke, um Dich und <u>nur</u> Dich zu besitzen um Dich mein nennen zu können; ich bitte Dich deshalb nie mehr davon zu sprechen.*

Du kommst hier in einen wohleingerichteten Haushalt, wo Dich die Liebe Deines Carls erwartet und die Liebe der Eltern und des Bruders zur Seite stehen; und was Du nur wünschest wird angeschaft, wenn es noch nicht da ist.

Nur darauf muß ich Dich aufmerksam machen, daß Du nicht etwa glaubst, daß ich hier schon ein Millionair geworden bin; Glaubst Du das, und wolltest nur deshalb kommen, so muß ich mit denselben Worten, womit Du mich fragst, Dir antworten: dann thäte es mir sehr leid, daß wir beide getäuscht sind –. Doch es kann ja nicht so sein, denn Du schreibst ja, das Du mir gern in meinem Geschäft behilflich sein willst, und ich bitte Dich deshalb um Verzeihung.

Ich bin hier Polsterer oder wie es dort heißt Tapezirer und verdiene so viel daß ich und meine liebe Dorette anständig und gut davon leben können, und ohnedem noch ein par Pfennige für spätere Zeiten erübrigen können –. Im Geschäft brauchst Du nicht zu helfen, denn es ist hier nicht so, wie in Deutschland, hier werden Schillers Worte „Ehret die Frauen" buchstäblich befolgt; und die Frau eines Arbeiters hier – tauscht gewiß nicht mit der ersten Bürgersfrau in Celle. Ich will dieses jedoch nicht als Lockspeise gesagt haben, Du wirst Dich davon überzeugen.

Ich sehe eben die Stelle in Deinem Briefe, wo Du mich auf Dein Alter und Häßlichkeit?!! aufmerksam machst –; auch ich will, wenn es Dir Vergnügen macht, Dir einen kleinen Abriß von mir geben, indem auch ich fürchte, daß Du mich nicht wiederkennst, und ein langes Gesicht machst wenn Du mich siehst. Ich bin diesen nächsten Elften März acht und zwanzig Jahre alt, habe einen großen Buckel, schiefe Beine, lange Arme die bis an die Kniee reichen, wackele mit dem Kopf, und habe die Nase mitten im Gesicht –. An diesen Merkmalen wirst Du mich wohl wieder erkennen, nicht wahr? Du siehst mein Herzchen, daß es auch mir an gutem Humor nicht fehlt; er schlummerte bisher wohl ein wenig, aber Dein lieber Brief hat ihn wieder wachgerufen.

Ich hätte Dich gern geholt, das kannst Du Dir leicht denken, allein da die Meinigen erst so kurze Zeit im Lande sind, und noch nicht Englisch sprechen können so kann ich gar nicht fort von hier; und da ich weiß das Du Muth genug hast, und wie Du selbst schreibst oft auch übermüthig bist, so wirst Du die Reise nur amusant finden, und manchen Spas erleben. Die Reise ist nicht so <u>schrecklich</u> – wie man sich's wohl vorstellt. Im nächsten Briefe welchen ich auch wahrscheinlich in dieser oder nächster Woche abschicke werde ich mehr über die

Reise schreiben; die Hauptsache ist nun: Dich reisefertig zu machen, und je eher je lieber abzureisen. Es soll dieses jedoch ganz nach Deinem Wunsche gehen; nur mögte ich, das Du spätestens, bis anfangs Juni hier wärest, indem es hier im Sommer etwas heißer wird als in Deutschland, und nicht gern sähe, wenn Du vom Wasser, wo es doch bekanntlich immer kühler ist, hier gleich in die Hitze kämest; könntest Du also bis Juni nicht hier sein, so müsten wir bis zum Herbst warten, und das wäre noch eine Ewigkeit –. An mir soll es nicht fehlen –, ich werde sogleich das nöthige zur Reise abschicken. Wahrscheinlich werde ich einen Wechsel an Kaufman (sic!) Ehlers in Celle schicken, oder einen Passageschein an Dich selbst.

Wenn Du nach Celle kommst, bitte so gehe nach meinem Cousin, und nach Tante Wiebe, vieleicht (sic!) reiset eine meiner Cousinen mit; sage aber Niemanden daß ich Dir das Reisegeld schicke –.

Ich hätte Hannchen sehen mögen, was die gesagt hat, als Du Ihr geschrieben, das Du nach America nach den Staatsbürger Carl Wippo gingest.

Doch ich spreche schon so sicher davon, als ob Du die Reise schon angetreten hättest; und am Ende ist es dann nur eine übermüthige Laune – – – – –.

Grüße Schaedtlers herzlich von mir, und sage Ihnen wenn wir leben und Gesund sind, würden wir in einigen Jahren zusammen wieder herausreisen, und Sie alle besuchen. Wenn Du hier bist, schicken wir unser Bild heraus.

Du wirst Dich gewiß an diesem Briefe recht ergötzen, und Dir denken, wie ich denselben geschrieben habe. Ich bin durch Deinen Brief in solche Stimmung versetzt, daß ich gar nicht zusammenhängend schreiben kann. Ich bin so aufgeregt, das ich eigentlich selbst nicht weiß, wie mir ist.

Ich wollte so vieles schreiben, und habe deshalb so klein und dicht geschrieben, das ich befürchte, Du wirst es nicht lesen können, und must am Ende ein Vergrößerungsglas gebrauchen.

Da ich den Brief mit dem nächsten Steamer abschicken will, so drängt die Zeit, und ich will daher erst im zweiten Briefe das nähere Schreiben, wie Du Dich während der Reise verhalten sollst; und wie schon gesagt, werde ich diesen zweiten Brief auch gleich abschicken, ohne Deine Antwort abzuwarten.

Schicke mir nur so viel Briefe als Du nur schreiben kannst; und schicke mir Deine Briefe unfrancirt, weil Sie dann sicherer ankommen. Meine Eltern und Bruder grüßen Dich herzlich, und wünschen nichts sehnlicher, als so bald als möglich, Dich meine Theure persöhnlich (sic!) begrüßen zu können.

Vater und Mutter sind wieder Jung geworden und Du wirst Dich wundern, wenn Du sie siehst. ich glaube jedoch kaum das Du Sie Dir noch erinnern kannst; denn es sind bereits zehn Jahre seitdem Du Sie gesehen. Ich kann Dir sagen meine Liebe, daß Du den besten und liebevollsten Vater und Mutter findest daß Sie nur darauf bedacht sind uns glücklich zu machen. Mutter hat so manches Mal gewünscht: Ach hätte ich doch eine Tochter; indem drei Töchter früh gestorben sind; und wird Sie Dich daher um so lieber haben, da Sie doch auch bald einer Stütze bedarf –.

Du schreibst das Du bald dort aus Bremen fortgehst hast mir aber keine Addr. von Deinen Schwestern geschickt; ich muß also meine nächsten Briefe durch Elleke an Dich schicken. Nochmals mache ich Dich aufmerksam Dich bis zum 8 Mai Reisefertig zu machen, da dieses doch wohl das beste ist, das Du mit diesem Dampfer herüber kommst. Ich werde alles früh genug besorgen –. Will Hanchen mitkommen so wird Sie ebenfalls lieb und angenehm, sein, und an mir einen liebenden Bruder finden. Grüße Sie herzlich von mir, und gieb Ihr einen dicken Kuß in meinem Namen.

Nun muß ich aber endlich schließen, obgleich ich gern noch immerfort in Gedanken mit Dir plauderte. Grüße unsere liebe Mutter und Schwestern herzlich von mir. Und nun leb wohl meine liebe; im Geiste umarme und küsse ich Dich 1000000 mal, nochmals bitte ich Dich, schreibe so oft Du kannst, ich kann gar nicht fertig werden. Mit der innigsten und reinsten Liebe bin ich Dein Carl.

So hatte ich denn zum ersten Male seit sieben Jahren wieder an Dorette geschrieben. Wie ganz anders war das jetzt und damals; und wie ganz anders war ich besonders heute gestimmt. Die ganzen zehn Jahre unserer Bekanntschaft hatten heute wieder einmal Revue passirt, und zugleich die poetische Ader geöffnet; und schickte ich daher folgendes Gedichte mit.

Der Epheuzweig.

Sieh dieses Zweiglein Zart und Klein,
Ich pflanz' es vor Dein Fensterlein;
Hinsterben muß es, oder sich:
Anschließen fest und inniglich.

Wohl lohnet es mit frischem Grün,
Jedwedes freundliches Bemühn.
Und pflegst Du es nur dann und wann,
So wächst's wohl höher stets voran.

Doch wenn Du Sein auch gar nicht denkst,
Ihm kaum ein Tröpfchen Labung schenkst,
So nimmt es dennoch seinen Lauf,
Mit schwacher Kraft zu Dir hinauf;
Und läßt nicht ab durch alle Zeit,
Von Treue – und Beharrlichkeit –.

So bleibt ein Herz in Liebe reich,
Bei Glück und Leid sich treu und gleich;
Es kann nicht wenden seinen Blick,
Weis't man sein Lieben auch zurück –.

Und wo das Epheu einmal sich,
Hat angeschmiegt recht inniglich,
Da trennt nicht Frost noch Sturm es ab,
Dieselbe Stelle wird sein Grab.

So ist auch treuer Liebe Sinn;
Drum blickst Du nach dem Zweiglein hin,

*So denk es ist des Freundes Bild,
Der sich in dieses Grün verhüllt. und heißt – Carl.*

Wie gern wäre ich statt des Briefes selbst hinüber gegangen, allein es war fast eine Unmöglichkeit für mich zu jener Zeit – denn die Meinigen, (Eltern und Bruder) waren erst kurze Zeit hier, und zu sehr auf mich angewiesen. Zudem hatte ja auch Dorette gleich im Voraus geschrieben, das Sie durchaus nicht bange sei, die Reise allein zu machen. Aber wenn ich dann wieder ausrechnete, wie bald Sie im günstigsten Falle hier sein könne, dann schien mir die Geduldsprobe doch ein wenig stark zu sein. Die Unterhaltung zu Hause war Dorettens Reise, und Ankunft hier, einen Tag und alle Tage –. Aber auch in Bremen war man nicht wenig gespannt, den weiteren Verlauf dieser Geschichte zu erfahren; da namentlich Dorette kein besonderes Vertrauen zu den Bewußten Zettel gehabt hatte; und nicht recht gewußt, ob Sie ihren ersten Brief abschicken solle oder nicht. Das ganze Lengerk'sche Haus nahm den innigsten Antheil, und suchte Dorette aufzuheitern und für ihr ferneres Wohlergehen Sorge zu tragen. Selbst der alte achtzigjährige Herr kam am Tage vor der Ankunft meines ersten Briefes zu Dorette und sagte Ihr: Morgen können Sie einen Brief erwarten, der Dampfer Hermann ist angekommen. Am nächsten Morgen war alles in der gespanntesten Erwartung. Endlich kam der Briefträger und ging zuerst in's Comtoir zum alten Herrn, doch ehe derselbe seine Briefe annahm, fragte er: haben Sie auch einen Brief für Dorette Meyer? –. Jetzt erhielt also Dorette meinen ersten Brief aus America, nachdem wir uns in sieben Jahren nicht geschrieben, und auch in eben so langer Zeit nichts von einander erfahren hatten. Jetzt schwand aller Zweifel, und wir gehörten seit dieser Stunde Einander wieder an.[19]

Dorette hatte also nach Empfang von Elleckes ersten Schreiben die Stelle bei Lengerkens aufgegeben und Frau v. Lengerke hatte eine Andere engagirt; doch

---

[19] „Es unterhalten bekanntlich nur zwei große Dampfer die directe Verbindung zwischen Deutschland und Amerika: der Hermann und der Washington von nahebei 1800 Tonnen Gehalt", heißt es in der „Allgemeinen Zeitung" vom 13. Juli 1852. Vier Schiffe hatte die unter Mitwirkung des bremischen Staates, benachbarter deutscher Staaten und einflussreicher Deutscher in New York begründete Reederei „Ocean Steam Navigation Company" (Bremen-Linie) geplant. Zwei kamen 1847 bzw. 1848 in Fahrt, der „Washington" und der nach dem Cheruskerfürsten benannte „Hermann". Der hölzerne Raddampfer „Washington", der 1847 von New York auslief, war der erste Ozeandampfer, welcher in deutschen Gewässern, und zwar auf der Reede von Bremerhaven, das Sternenbanner entfaltete. Ihm folgte in demselben Jahr noch ein zweites „Räderschiff" gleicher Bauart, der „Hermann". Beide Schiffe waren mit Balanciermaschinen, deren Balanciers über Deck ragten, ausgestattete Holzschiffe mit Radpropeller. Die Überseefahrt der Postdampfer „Washington" und „Hermann" dauerte 17 Tage. 1858 wurde die „Bremen line" wegen mangelnder Rentabilität aufgelöst. Der Dampfer „Hermann" hatte 2900 Bruttoregistertonnen / 2893 tdw (tons deadweight), eine Länge von 102,61 und eine Breite von 12,25 Metern. Der „Washington" hatte 317.082,20 Dollar gekostet, der „Hermann" 324.409,08 Dollar, zusammen also 641.492,07 Dollar. Die Ocean Steam Navigation Company war ein „Vorläufer" des Norddeutschen Lloyd. (Radunz, Karl, „Die Entstehung von Dampfergesellschaften und die Anfänge der regelmäßigen Ozeandampfschiffahrt", in: PROMETHEUS – Illustrierte Wochenschrift über die Fortschritte in Gewerbe, Industrie und Wissenschaft, hrsg. von Dr. Otto N. Witt, 18. Jahrg., Verlag von Rudolf Mückenberger, Berlin 1907, S. 365.)

als Sie den bewußten Zettel von meinem Bruder erhielt, sogleich ersterer Ihre Zweifel über die Aufrichtigkeit meiner Liebe mitgetheilt, und dabei den Hergang unseres Liebesverhältnisses erzählt, einestheils um der alten Dame zu beweisen, daß Ihre Zweifel nicht ganz unbegründet sein könnten, und anderntheils auch um Ihren Rath zu hören, ob Sie wohl nicht, um ganz sicher zu sein, wieder eine Stelle annehme. Ein Herr Gruner hatte schon längst gewünscht Sie möge doch von Lengerkes fortgehen, und auf sein Gut kommen, und hatte Ihr ein bedeutend höheres Gehalt angeboten als Sie bei Lengerkes erhielt. Daher sagte denn Frau v. Lengerke: Ja Kind wenn das so ist, dann nehmen Sie doch die Stelle bei Gruners an, auf alle Fälle. Gesagt, gethan. Dorette ging zu Herrn Gruner und nahm dessen Stelle an; derselbe hatte inzwischen schon eine Andere engagirt; er gab derselben jedoch lieber fünf und zwanzig Thaler Abstands Geld, um nur Dor(e)tte auf seinem Gute zu haben; denn Sie war als eine gute Haushälterin bekannt.

Zeitgenössische Anzeige für die Postlinie der Washington, 1848.
Digitale Sammlung Blazek

Doch „Alte Liebe rostet nicht", und treu meinem „festen Entschluss", denn (sic!) ich seit zehn Jahren getreulich gehalten, hatte ich ja alle die Unbilden und Zurücksetzungen vergessen, welche mich zu etwaigen Wiedervergeltungen hätten anspornen können. Ich sagte auch heute noch: „Nie eine Andere."

Dorette hatte meinen Brief noch nicht ganz gelesen da kommt auch schon Frau v. Lengerke früher wie gewöhnlich herunter zum Kaffe. Darf ich den Brief auch einmal lesen liebes Kind? fragt Sie Theil nehmend, Gewiß wenn es Ihnen Vergnügen macht antwortet Dorette. Doch er ist so fein geschrieben, daß Sie Ihn nicht lesen kann, und Frl. Otte muß Ihn Ihr daher vorlesen. Nun schreiben Sie aber sogleich an Gruner, das Sie nach America gehen. Und in kurzer Zeit ist Wilhelm schon mit den nöthigen Schreiben auf dem Wege zu herrn Gruner, ihm die unwillkommene Nachricht bringend –.

Das ganze Haus war jetzt beruhigt und befriedigt mein Brief hatte alle Zweifel beseitigt.

Während nun Dorette meinen Brief erhielt, kam am selben Datum Elleckens erster Brief, welcher ja vor ihrem ersten Briefe hier eintreffen sollte, (nämlich am 13ten März/55.) hier an. Ellecke schreibt:

Celle d 17/1 55.

Carl Wippo!

Du wirst dich freuen lieber Junge, nicht über mich, aber über die Einlage,* welche eigentlich an mich ist, dieselbe spricht aber zu sehr für Dich, als das ich dieselbe sollte an mich halten. Bei der Durchlesung Deines Briefes, und der lesung des kleinen Zettel (sic!)

* siehe Seite 104. [Anm.: Bremen 15 Januar 1855. / Lieber Herr Ellecke! ..., hier S. 73]

Über Dorette Meyer, habe ich es übernommen, alles zu ordnen. Ich haben Deinen Brief am 5ten Dec 1854. gelesen, von da an bis heute habe ich alles geordnet; die ganze Famielie will dir wohl –, ich habe mit der Rittmeisterin Fricke alles beschlossen, besprochen, und abgemacht; Du erhältst wahrscheinlich von Dorette Meyer in derselben Zeit einen Brief.

Ich kann Dich nur Gratuliren zu solch einer Frau, denn wenngleich ich das Mädchen nicht kenne, so höre ich allenthalben, daß dasselbe ein Muster sowohl in Schönheit als in guten Rufe sein soll. Sie ist jetzt in Bremen bei Frau v Lengerke, dieselbe will von gar keiner Veränderung hören. Ich reise diese Woche selbst nach Bremen, das Mädchen zu sehen, und zu besuchen; ist es Dir nun Ernst, kannst Du eine Frau ernähren, und liebst Du das Mädchen aufrichtig, dann frisch an's Werk! denn alle Zögerei bringt nichts ein. Ich schriebe dir noch mehr! aber nächstens, ich habe keine Zeit, denn ich bin beim Jahresabschluß, und will dann reisen, und Deine Braut besuchen.

Dein Dich liebender Cousin

C. Elleke.

Ich hatte bis dahin nur geahnt, das Elleke alles besorgt haben müsse –! jetzt hatte ich gewißheit und freuete mich um so mehr, da ich wußte daß meine Sache nun in guten Händen sei –.

Ich erhielt nun nach etwa vierzehn Tagen, Antwort von Dorette, auf meinem ersten Brief, wie folgt:

Bremen d 15 März 1855.

Mein lieber bester Carl!

Die Freude über Deinen lieben Brief, kann ich Dir nicht beschrieben, denn verzeihe; es waltete oft ein kleiner leiser Zweifel in meinem Herzen, ob Elleke mir auch wohl nicht mehr geschrieben wie er sollte; ob Du nicht vielleicht nur gleichgültig angefragt wo ich jetzt sei, und ob ich schon verheirathet sei. –. Jetzt sind alle Zweifel gehoben, und ich gehöre ganz Dir, Du bist für ewig mein.

Dein Cousin Elleke, oder wie ich sage Vetter Elleke hatte Dir schon einige Tage früher geschrieben wie Ich; und Dir meine Antwort auf seinen Brief mitgeschickt; den hast Du nun gewiß später bekommen, der doch als Vorläufer erst ankommen sollte. Wenn ich nach Celle komme, will ich den Vetter doch necken; Er hat sicher gedacht, einen Kuppelpelz zu verdienen – doch daraus ist nichts geworden. Ich hätte Dich sehen mögen, wie Dir der unbekannte Brief in die Hände gekommen. Da hat gewiß Dein Kopf recht tüchtig gewackelt?!! –

Mein lieber Carl, die Zwischenzeit soll, wenn es Gottes Wille ist, daß ich glücklich hinüber komme nicht mehr lang sein, wenigstens ich will Sie nicht verlängern. Die kleinen Dampfschiffe, die unter Bremer Flagge gefahren, sind nach England verkauft und fahren hier nicht mehr ab.

Es fahren aber am ersten Mai viele gute Seegelschiffe ab, und da ich bis dahin reisefertig bin, will ich mit einem solchen hier abfahren, denn je länger hier, je später dort; und ich mögte gern so bald wie irgend möglich bei Dir sein; denn hier habe ich auf einmal gar keine Ruhe mehr, und auch keine Lust zu irgend etwas. Hätte ich nur Fausts Mantel ich machte mich heute Abend schon auf den Weg, und überrasche Dich –

Wenn das Schiff nur eine Ziemlich glückliche Fahrt hat, so kann ich doch schon anfangs Juni bei Dir sein. Ich wollte das ich daß schöne Pfingstfest schon mit Euch lieben feiern könnte; etwas ist mein Wunsch wohl zu kühn, doch um vieles näher bin ich euch dann schon. Wenn Du ein Millionair geworden wärest mein liebster Carl, dann käme ich gar nicht zu Dir, dann säßest Du ja den ganzen Tag bei Deinen Rechnungsbüchern sprächest nur von Zinsen, Renten und Coupons, und hättest für uns Andern keine Zeit über, dann, dann würde ich nur halb glücklich sein; lieber will ich alle Tage mit in Deinen Polsterschop (sic!) gehen, und Pferdehare (sic!) zupfen –.

Wenn ich zu Schiffe gehe, mache ich es so wie unser lieber Papa; esse die ersten Tage nichts, denn bleibe ich vielleicht auch verschont, von der fatalen Seekrankheit. Doch werde nur nicht ängstlich mein bestes Herz; ich fürchte Sie nicht ich will schon fertig werden, wenn nur der Wind recht tüchtig in unsere Seegel bläst und nicht recht, recht bald in Deine Arme führt.

Dein Geburtstag ist vorigen Sonntag gewesen, ich sage Dir nachträglich meinen herzlichen Glückwunsch nur aus der Ferne kann ich Ihn Dir heute zurufen, doch im nächsten Jahre mein liebster theurer Carl ist es besser; dann trennt uns kein Ocean mehr, dann sind wir ja vereint, und glücklich –. O mein liebster, was werden wir zu fragen, zu antworten haben in der ersten Zeit; und doch werden wir erst gar nichts sagen können. Ich kann es noch nicht recht fassen, daß ich in einem Vierteljahr schon bei Dir sein kann. Wie unendlich freue ich mich auf dieses Wiedersehen. Es geht mir ebenfalls wie Dir, Dein Brief liegt bei mir, und statt zu schreiben, lese ich immer wieder in Deinem Briefe, als ob ich es zum erstenmale lese, und doch kann ich den ganze Brief schon fast auswendig.

Den vierten April gehe ich nach Celle, und bleibe bis zum 26 oder 27 April dort, dann komme ich wieder um meine Reise anzutreten. Dann will ich Sie alle noch einmal besuchen, die ich in der kurzen Zeit abreichen kann. Hannchen bringe ich nicht mit, ich komme allein, Du weißt wohl wie Eifersüchtig ich bin; ich habe noch nichts vergessen, ich weiß noch Alles von Müggenburg zu erzählen; wir werden uns noch oft darüber freuen. Weißt Du noch, wenn ich böse that, wenn Du mit Hannchen lange gesprochen hattest? weißt Du auch noch, wie Du den Vogel das Lied gelehrt hattest?: Ich weiß nicht, was mir fehlet, ich sterbe vor Ungeduld e.t.c.

Den ganzen Tag habe ich in der Küche gedacht, was ich Dir alles schreiben wollte, bald fiel mir dieses bald jenes ein, und jetzt habe ich die Hälfte vergessen. Hast Du meinen zweiten Brief schon abgeschickt? Ich erwarte Ihn mit Sehnsucht und Ungeduld; wenn ich so viel Zeit erübrigen kann, schicke ich von Bremen noch einen ab; bekomme ich auch noch einen zum ersten Mai?

Mein liebster Carl, grüße meine lieben guten Eltern recht herzlich von mir, und küsse Sie in meinen Namen; wenn ich komme sollst Du Sie auch wieder haben –. Auch meinen lieben Bruder grüße von mir freundlichst; ich kann Dir meine Freude nicht beschreiben, Eltern und Bruder Alles dort zu finden; ach mein guter, guter Vater ist schon so lange todt, und auf einmal finde ich einen Vater wieder, ich kann es noch nicht alles fassen; wie glücklich mein Carl, wollen wir dort sein, wenn wir erst alle zusammen sind. Könnte ich Euch doch <u>Alle</u> erfreun, Alle glücklich machen.

Der liebe Gott wird mir seinen Seegen geben und mich gesund und froh meinem Carl zuführen. Vor drei Wochen habe ich mir schon einen Reisemantel gemacht, auf den Schiffe umzubinden, und denk Dir meinen Fleiß, in einem Tage muste er fertig, d. h. nebenbei. Du kannst mich am besten daran erkennen, er ist roth und grün carrirt; Liebe und Hoffnung sind meine Farben und mein Leitstern. Heute drängt die Zeit, bis elf Uhr müssen Sie die Briefe zur Post; mit dem nächsten Dampfer schreibe ich wieder. In Gedanken bin ich schon den ganzen Tag bei Euch. Dein Brief hat meine ganze Liebe zu Dir wieder wachgerufen, denn ich glaubte ganz von Dir vergessen zu sein; wie oft habe ich es bereut, das ich Dich nicht festgehalten, Dir ganz vertraut, und auf Gottes Hilfe gebaut. Die Wege des Herrn sind Wunder, doch führt er's herrlich hinaus! daß können Wir auch sagen! –.

Dieser Brief ist nicht zusammen zu finden, doch ich will Dir ja Alles bald mündlich sagen.

O Carl! wenn ich Dich nur einmal umarmen und küssen dürfte diesen Morgen. Bald, bald, kommt auch die Zeit!

Für heute leb wohl mein liebstes bestes Herz, bald bin ich immer bei Dir, dann sollst Du Alle die Küsse haben, die ich Dir heute in Gedanken schicken muß. Mit der herzlichsten Liebe

Deine Dorette.

Jetzt hatte ich also Gewißheit daß Sie kommen würde, und es lag nur an mir – ob Sie bald kommen, oder ob die Reise noch aufgeschoben werden müsse – Ich hatte daher nichts Eiligeres zu thun als zu schreiben und den Wechsel abzusen-

den –; um meinerseits alles zu thun, jede unnöthige Verzögerung zu vermeiden. Ich schrieb daher folgendes:

Chicago d 28 März 1855.

Meine liebste theuerste Dorette!

Schon ist mehr als ein Monat vergangen, seit ich Deinen ersten lieben Brief wieder erhielt. Wie ganz anders bin ich seit jenen Tagen! Es vergeht fast keine Stunde, wo wir nicht von Dir sprechen; und wenn ich oft, nachdem ich wieder und immer wieder ausgerechnet wie bald Du wohl hier sein kannst, denke, Du langweilst wohl die lieben Eltern, mit den fortwährenden Reden, von Deiner lieben Dorette dann haben die noch mehr an Dich gedacht als ich; so, daß Du der alleinige Gegenstand unseres Gespräches bist, und wir Alle mit der größesten Sehnsucht Deine Ankunft erwarten. Ach wie glücklich träume ich mich – und hoffe das Du es auch thust.

Nicht wahr meine Dorette? Du hast wohl nicht gedacht daß ich nach so langer Trennung, und aus so weiter Ferne, an Dich denken und Dich aufsuchen würde; laß Dir darum dieses, die Versicherung meiner nie aufhörenden Liebe sein; und wenn Du hier bist, wirst Du Dich von der Wirklichkeit überzeugen. Es ist schon Alles zu Deinem Empfange bereit, und die Aussteuer welche Du in Deinem Briefe erwähnst – habe ich schon für Dich besorgt –.

Da ich aus Deinen wie aus Ellekes Briefe ersehen daß Deine liebe Mutter und Schwestern, Deinen Entschluß hierherzureisen, billigen; so könnten Sie mir in der That keine größere Freude bereitet haben.

Sie erinnern sich meiner gewiß nicht mehr genau, und aus einer Zeit, die Ihnen überhaupt wenig Vertrauen einflößen konnte –; doch die Zeiten und Umstände haben sich geändert –. Sage Ihnen meinen Dank, für das mir geschenkte Vertraun, und das es stets mein Bestreben sein wird Ihre Liebe und Achtung zu verdienen. O wäre es nur nicht so weit, und Zeitraubend, wie gern käme ich mit Dampfeseile herüber, um mich mit Dir in Ihrer Gegenwart zu verbinden. Doch da dieses jetzt nicht sein kann, so hoffe ich das wir in einigen Jahren einmal wieder zusammen herausreisen können, um Alle die Lieben noch einmal zu sehen. Mit einliegenden Wechsel gehst Du liebe Dorette zu herrn Kaufmann E. Du erhälst als dann siebenzig Thaler Gold. oder vierzehn Louisdor. womit Du bis New York reisen kannst, dort angekommen, ist alles weitere für Dich bereit; auch wenn ich nicht selbst dort sein sollte –. Grüße mir nun alle die lieben Deinigen, besonders Schaedtler und Hannchen, ich werde auch bald an dieselben schreiben; und eile so schnell wie möglich, in die Arme, Deines Dich sehnsüchtig erwartenden Carls.

Diesem Schreiben hatte ich folgendes Gedicht beigelegt –.

An Dorette! von ihrem Carl –.

Solchen Glauben will ich mir bewahren,
Solcher Hoffnung hingegeben sein,
Solcher Liebe meine Seele weihn;
Fest in Leiden und Gefahren.

Denn wenn Alles wankt,
Alles unstät schwankt,
Soll das Herz sich siegend offenbaren.

Ja ich glaube bei dem Strahl der Sonne!
Der begeisternd mich zum Lied' entflammt,
Bei den hohen Gott! von den er stammt;
Ja! ich glaub' an Ihres Schwures Treue.
Oder, jenes Land wär' schnöder Tand;
Und der Lohn des heiligsten: die Reue.

Nein! ich fühl's, mich hat kein Wahn betrogen;
Bin ich mir des höchsten doch bewußt;
Fühl' ich doch, daß mich nicht eit'le Lust,
Daß der Himmel mich zu Ihr gezogen.
Gottes Stimme rief, in die Seele tief;
Oder, Seele, Gott und Himmel logen.
Und trägt Alles, kann Ihr Wort nicht trügen.

Nicht der klaren Augen helles Licht,
Nicht das huldverklärte Angesicht,
Täuschung wohnt ja nicht in solchen Zügen.
Was Sie spricht, ist Wahr; gleich der Sonne klar;
Lügt der Himmel selbst! Sie kann nicht lügen.

Wohl ich hoffe; weil ich glaube.
Sei Willkommen! lächelnde Gestalt!
Von den Strahl des Morgenroths umwallt,
Schwebst Du her wie eine Friedenstaube.
Ist die Seele wund, machst Du Sie gesund;
Läst Sie nicht dem düstern Gram zum Raube.

Glänzend schwebt auf hellem Goldgefieder,
Mir nun neu ein schöner Tag herauf;
O! beginne strahlend Deinen Lauf!
Dich begrüßen jauchzend meine Lieder.
Eile! blühend Licht, zög're länger nicht!
Denn Du bringst mir meinen Himmel wieder –.

Ha! schon fühl' ich an des Herzens schlägen!
Ihrer Nähe mächt'ges Zauberband;
Dort! – Sie ist's! – Sie hat den Ruf erkannt!
Streckt die Arme liebend mir entgegen –!
Seelig, Mund an Mund, giebt kein Wort es kund,
Welche Wonnen sich im Busen regen.

Doch Du kannst ja dieses inn're Leben,
Wenn entzückt sich Aug' in Auge senkt –,
Lippe fest sich an die Lippe hängt,
Und die Herzen aneinander beben.

Was die Zunge spricht, stammelnd, hörst Du nicht;
Doch Du fühlst, das Sprache Ihr gegeben.
Ja! Du fühlst es, und die Arme drücken,
Dann die Freundin mit stummer Freudenlust,
Fest an die Liebeswarme Brust;
Gleich wie Reben um den Baum sich strecken.
Heiliger Genuß! Seele schmilzt in Lust,
Und in Thränen löst sich das Entzücken
Und der Lohn des heiligsten: die Reue.

Chicago Februar 1855. Carl Wippo.

Da ich in meinem ersten Briefe, an Dorette, gesagt hatte, das ich gleich noch ein zweites Schreiben abschicken würde, ohne ihre Antwort abzuwarten, so erwartete Sie natürlich ein solches; und war daher nicht wenig in Ihrer Hoffnung getäuscht, als dasselbe nicht erschien.

Es war meine Meinung gewesen, gleich nach dem ersten Schreiben einen Wechsel an Dorette abzuschicken, allein ich wollte mindestens hundert Dollars abschicken, und dieses war doch am Ende so schnell nicht beisammen –. Daher die Verzögerung. War es da zu verwunden daß Dorette & Elleke folgende Briefe an mich schreiben? –.

Celle d 17 April 1855.

Mein lieber bester Carl!

Mit der größten Sehnsucht habe ich Deinen Brief mit dem Dampfer Herrmann erwartet; doch vergebens. Der Herrmann ist angekommen, aber kein Brief von meinem Carl. Hast Du Dich besonnen? willst Du mich gar nicht mehr haben? – oder ist etwas anderes die Ursache Deines Schweigens. Hast Du meinen zweiten Brief bekommen? Darin schrieb ich Dir schon, daß ich am ersten Mai unter Segel gehen mögte, um so schnell wie nur möglich in Deine Arme zu gelangen; aber so weiß ich noch nicht wie es werden soll, wenn ich Deinen Brief nicht bekomme. Noch tröste ich mich immer damit, Du hast vielleicht den Brief mit einem Segelschiff geschickt, und es dauert länger; ich muß immer neue Trostgründe aufsuchen, wenn ich die Hoffnung nicht ganz verlieren soll. Solltest Du Deinen Brief nicht sicher abgeschickt haben, so beantworte mir doch gleich diesen.

Ich bin jetzt in Celle und bleibe so lange, bis Du mir schreibst. Bei Ellekens bin ich schon öfter gewesen und fühle mich dort sehr behaglich; Sie sind sehr freundlich und niedlich gegen mich. Wenn Eliese es früher bedacht hätte, so hätte Sie alles verkauft, und wäre mitgekommen. Deine Cousine Antoinette die ich nicht kenne, ist verheirathet, und wohnt in Bunde bei Leer. Deine Tante ist mit dahin gezogen, es geht Ihnen beiden gut, und werde ich von Ihnen Briefe mitbringen wenn ich komme.

Gestern war hier erster Markttag, und Dein Bruder Albert war hier mit fertigen Sophas, ich that als ob ich Ihm einen abkaufen wollte, und handelte recht tüchtig darauf; bis Deine Cousinen das lachen nicht mehr zurück halten konnten, und sagten, ich wäre die Amerikanerin, Carls Braut (darf ich das wohl sagen mein bestes Herz) da hättest Du Ihn sehen sollen! auf offener Straße nahm er mich in Arm, und freuete sich herzlich seine Schwester kennen zu lernen. Er hat ziemlich gute Geschäfte gemacht. Den Abend waren wir Alle bei Ellekens und noch einige welches Albert gar nicht recht war, mir auch nicht denn wir konnten nicht sprechen wovon das Herz voll war; erst spät brachten Sie mich nach Haus. Die herzlichsten Grüße von Albert an die lieben Eltern, Albert und Dich, er hofft auch bald einen Brief von Euch lieben zu erhalten.

Meine Mutter ist bedeutend älter geworden bei dem Gedanken, daß Sie mich nie wiedersieht; Dein lieber Brief den ich Ihr vorgelesen, hat Sie in etwas beruhigt; und jetzt spricht Sie täglich von Deinem zu erwartenden Briefe. Sie kann sich das Ausbleiben nicht erklären. Anfangs glaubte Sie gar, Du köntest Deinen Entschluß geändert haben.

Sage doch unsern lieben Eltern die herzlichsten Grüße von mir, und gieb Ihnen einen Kuß. Auch Albert bitte ich freundlich zu grüßen. Elleke hat Dir eine Strafe zudictirt, mein herzens Carl, daß Du Ihm noch nicht alles genau geschrieben, ob er da nicht mit seiner Famielie ein gutes Fortkommen finden kann. Ich habe es übernommen, Dich dafür zu strafen, und Du must es Dir gefallen lassen daß ich Dir ein par Dutzend Küsse dafür gebe.

Nun mein lieber guter Carl lebe wohl! ich lege diesen Brief mit in Ellekens Brief, und dann soll er mit den Herrmann expedirt werden, damit er recht bald in Deine Hände kommt.

In Gedanken tausend Küsse von deiner

Dorette.

Celle d 16/4. 55.

Lieber Carl!

Heute am Markttage ist Deine Braut, Elise, Quaritsch und einige Andere um mich her versammelt. Deine Braut, der Stern, um den sich alles dreht ist die Liebenswürdigkeit selbst; das Mädchen ist wahrhaft Körperlich schön; aber noch schöner ist ihr Geist –. Einen klaren Ueber und Durchblick. Dazu ist Sie ein wahres Muster deutscher gradheit, was ich so hoch an Ihr ehre. O mein Junge im Besitze dieses Mädchens must Du glücklich sein, es ist gar nicht anders denkbar; ich gratulire Dich dazu von ganzem Herzen; auch Deine Mutter ist zu beneiden, eine solche Tochter zu besitzen.

Carl säume keinen Augenblick das Mädchen in Deine Arme zu führen, denn Sie ist zu Edel, zu brav, als das man der auch nur eine trübe Stunde macht –. Das Herz des Mädchens schlägt für Dich so innig, so warm; daß ich selbst für Freude darüber entzückt bin. Seit Tage warten wir nun schon auf Antwort von Dir, aber vergebens. Deshalb die eilige und kurze Nachschrift; sofort sende uns aber Antwort; kannst Du mir über die dortigen Verhältnisse nicht ganz genau berichten, so thue das später, aber gewiß.

Nun lebe wohl, grüße mir die Alten nebst Albert herzlich, und sage Ihnen ich könne Ihnen die beste Versicherung geben, das Alle Ihre Verwante Ihrer liebend gedenken, und daß Alle im Augenblicke recht wohl sind. Nun nochmal lebt Alle! recht wohl, und seid von uns Allen recht herzlich gegrüßt.

Dein Dich Innig liebender

C. Elleke.

Um ganz sicher zu sein, in Betreff des Wechsels, und zugleich die beiden obigen Briefe zu beantworten, schrieb ich daher sofort wieder; denn es war keine Zeit zu verlieren wenn Dorette hier sein sollte, ehe die Ungesunde Jahreszeit die brennende Sommershitze eintrat.

Chicago d 2 April 1855.

Meine liebste Dorette!

Hoffend, daß mein letztes Schreiben schon in Deinen Händen ist, wenn Du dieses erhältst, und Du Dich wie die lieben Deinigen des besten Wohlseins erfreuest, schicke ich diesen zweiten Brief mit der Tercia. Sollte jener Brief mit den Seconda Wechsel nicht angekommen sein, so gehst Du mit diesem zu herrn Kaufmann E. in Celle; und erhälst darauf vierzehn Louisdor –.

Elleke ermuntert mich in seinem Briefe, welchen ich am 24 März erhielt, und schreibt unter Andern: Wenn ich Dich Aufrichtig liebte, und eine Frau ernähren könne so solle ich nicht lange zögern und frisch ans Werk gehen, u. s. w. Glaubst Du meine Liebe, daß es dieser Ermunterung bedarf? gewiß nicht! Sicher ist Dir doch meine Handlungsweise der beste Beweis, und erst, wenn Du in den Armen, und an den Herzen ruhest was stets nur für Dich schlug, welches nur durch Deine Liebe glücklich werden konnte; erst dann wirst Du die Größe meiner Liebe erkennen, und verstehen. O meine Dorette! wie glücklich bin ich! Dich nun nach so langer und harter Trennung, wieder mein nennen zu können. Nur noch zwei Monat und wir sind für immer vereint –. Nur noch zwei Monat sage ich, und ach wie lange währen Sie mir; die Tage werden mir zu Wochen; meine aufgeregte Phantasie läßt mich nicht schlafen –. Doch Geduld mein Kind wirst Du sagen; diese Zeit wird ja auch hingehen; und Du wirst ja mit möglichster Eile reisen.

Doch sage mir, bist Du auch glücklich? gehst auch Du ohne Furcht und Zagen Deiner neuen Laufbahn entgegen? Du kannst sicher der Liebe und Fürsorge Deines Carls vertrauen, ohne Bangigkeit Deine Reise antreten; und wenn Du hier bist, wirst Du Dich gewiß nicht wieder nach Deutschland zurücksehnen –.

Ich freue mich sehr über meinen braven Elleke, weil er sagt: wenn ich eine Frau ernähren könne, so solle ich nicht länger mehr warten; Hierauf kann ich Dir erwiedern, daß wir hier gar keine Nahrungssorgen kennen. Ein Arbeiter der sein Geschäft versteht wird gesucht und gut bezahlt; und namentlich ist unser Geschäft eins der blühendsten mit hier. Doch wie gesagt: Du wirst es selbst am besten sehen.

Ich wollte mein Bild mitschicken, da aber dieser Brief Eile hat, so ging es nicht; und ich mögte auch gern das Du erst hier wärest, und wir dann auf einem Bilde dort ankämen; und dann mögte ich mir doch auch den Spaas machen, und sehen, ob Du mich wohl wieder erkennst –, denn ein <u>klein</u> <u>Wenig</u> habe ich mich doch wohl verändert, gerade in diesen sieben Jahren –.

Schreibe ja recht schnell wieder, Dein Carl bittet Dich darum, und Grüße unsere liebe Mutter und Schwestern von uns Allen, besonders von mir, und behalte lieb

Deinen Dich innig liebenden
Carl.

Hierauf erhielt ich folgenden Brief.

Celle d 23 April 1855.
Mein liebster bester Carl.

Du hast gewiß einen kleinen Schreck bekommen über unsere letzten Briefe, die mit dem Herrmann angekommen sein müssen. Wir glaubten, Deine Briefe seien verlohren (sic!) gegangen, wie uns der Hermann keine brachte; ich war sehr unruhig darüber und deshalb sagte Elleke, wir wollen jedenfalls nur ein par Worte schreiben.

Tausend Dank mein lieber Carl für Deinen Brief Du kannst Dir nicht denken, wie ich mich gefreut habe. Elleke welchen ich kennen und achten gelernt, [gestrichen: habe] nahm den innigsten Antheil an meiner Unruhe; er hatte es sich selbst vorbehalten mir die Freude zu machen, und war glücklich mit.

Nach dieser Freude kam gleich eine unangenehme Nachricht für mich von Bremen, daß mein Schiff erst am fünfzehnten Mai abgeht, statt des ersten Mai. Das (sic!) die Dampfschiffe Hansa und Germania verkauft sind habe ich Dir schon geschrieben; nun hatte mein alter Prinzipal in Bremen mir ein Schiff ausgesucht, und mich dem hl [hochlöblichen] Schiffsrheder empfohlen, nun wollte ich auch gern das Schiff benutzen, und muß mich zur Freude der meinigen in mein Schicksal ergeben. Ich wäre gern schon morgen unter Segel gegangen, um recht, recht bald in Deine Arme zu gelangen –; ich hatte meine Rechnung ohne den Wirth gemacht.

Es geht mir aber so wie Dir, ich rechne immer wieder und wieder aus, wenn ich bei meinem Carl und meinen lieben Eltern ankomme, und male mir dieses erste Wiedersehn, immer wieder mit andern Farben aus, und träume mich so glücklich, so wöhnlich in Eurem Kreise.

Möge der liebe gute Gott nur meine Bitten erhören, und mir seinen Segen geben, daß ich Dich mein herzens Carl so glücklich mache wie Du es verdienst, und Du Dich nicht getäuscht fühlst. Doch ich habe Vertrauen zu Deiner und meiner Liebe. Liebe überwindet ja alles; und Deine Liebe und Herzensgüte werden Dir bald eine Frau erziehen wie Du Sie wünschest –. Sage doch den lieben Eltern das ich Ihnen herzlich, herzlich danke, daß Sie mich als Tochter aufnehmen wollen; ich will mich so viel in meinen Kräften steht, befleißigen, Ihnen ihre Liebe und Vertraun zu vergelten; Ich will suchen der guten Mutter glauben zu machen, das ich keine Fremde gewesen, die Sie an Ihr Mutterherz gedrückt. Grüße und Küsse die lieben Eltern recht herzlich von mir. Auch freue ich mich ganz unendlich einen Bruder zu haben, da mir bis jetzt die Freude versagt war.

Mutter hat sich jetzt ziemlich darin gefunden daß Sie mich vielleicht nicht wieder sieht – ich biete alles auf, um Sie aufzuheitern. Mir wird der Abschied freilich etwas sehr schwer werden, denn Mutter ist recht, recht Alt geworden, in der letzten Zeit das ich wenig Hoffnung habe, Sie noch lange zu behalten. Deshalb freue ich mich umso mehr, bei Dir liebende Eltern zu finden.

Du schreibst ich hätte wohl nicht gedacht, daß Du noch an mich dächtest. Daß Du mir aber Böse wärest habe ich nie geglaubt. Oft habe ich gefragt, wo Du wohl seiest! Doch Niemand wußte es. Ich habe stets Deine Gefühle nach den meinigen berechnet; aber daß Du mich wieder aufsuchen würdest, habe ich nicht geglaubt. Was werden wir uns alle zu erzählen haben, wenn ich erst dort bin.

Wenn Du mir einen rechten Gefallen thun willst lieber Carl so bleib Du ruhig in Chicago, und komm mir nicht entgegen; wozu das viele Geld ausgeben, Du hast so schon so unendlich viel Ausgaben für mich was ich Dir in zehn Jahren nicht wieder verdienen kann.

Sei unbesorgt, ich komme ganz unversehrt bei Dir an. Sowie Du mich vor sieben Jahren in Müggenburg verlassen, so findest Du mich in Chicago wieder; nur ein par Runzeln mehr, und ein par Zähne weniger –.

Kennst Du Carl Schlueter aus Weihausen? ein Schwager von Deiner Cousine Antoinette kommt mit mir herüber auf demselben Schiffe, und will auch in Chicago sich eine neue Heimath suchen. Es ist mir sehr angenehm daß ein Herr, den ich kenne, mitfährt; denn der Anstand gebietet Ihm doch schon, als Vetter, mich vor jeder Unbill zu schützen. Es ist gewiß auch ein Trost für Dich.

Ich fahre mit dem Schiffe „Norma", Capt. Horstmann. am fünfzehnten Mai aus Bremerhaven ab, und komme mit günstigem Winde, und im glücklichsten Falle in 24 vier und zwanzig Tagen wohl im Hafen von New York an. Erwarte Du mich aber nicht dort; denn wenn herr Heerlein dort ist, um uns nach der Eisenbahn zu spediren, so wollen wir uns schon ehrlich durchschlagen.

Gestern Nachmittag waren Deine Cousinen, Auguste Elise und Linchen, bei meiner Schwester. Meine andern Schwestern waren auch da; wir waren Alle sehr vergnügt, Vetter Elleke kam gestern Abend nach und gingen Sie erst um halb zwölf Uhr zu Haus.

Schaedtler läßt fragen: ob Du bald kämest und das versprochene Sofa umpolstertest?–.

Viele Grüße von all den Meinigen, an die lieben Eltern, und Dich mein Carl. In acht Wochen bin ich doch gewiß bei Dir. Wenn ich nur erst die fatale Reise zurückgelegt hätte; ich habe doch ein ganz klein bischen Angst. Ich will mir keine Gedanken machen, und nur immer das schöne Ziel meiner Reise vor Augen ha-

ben, es ist ja nicht lange, dann ruhe ich ja in Deinen Armen, und an deinem Herzen aus, da finde ich ja Ersatz für alle Beschwerden.

Nun leb wohl mein Herzens Carl und behalte recht lieb

Deine Dorette.

Auch Elleke schrieb noch einmal vor Dorettens Abreise folgendes: Celle d 10 Mai 1855.

Mein lieber Carl!

Deine Dorette mein lieber Junge, ist seit Ihres kurzen Aufenthaltes hier in Celle, so oft um mich gewesen, daß ich dieselbe habe hinreichend erkennen können. Liebe das Mädchen aus vollem Herzen, bleibe Ihr Treu, Rein und Gut, denn Sie verdient es; ich habe das Mädchen so lieb gewonnen, das Sie mir eine Schwester ist.

Das Mädchen besitzt so viel Herz, Geist, Güte und Menschenfreundlichkeit, daß ich Sie nur bewundern kann. Es folgen Ihr bis zu Dir meine innigsten Wünsche. Der Herr gebe Euch Glück, gute Kinder, und bewahre Euch vor Verrath und böser Sünde.

Dein Dich aus reiner Seele liebender Carl.

Meine Frau läßt Dir, Ihren! aufrichtigsten Glückwunsch zu Deinem Ehestandsleben durch mich entbieten und freut sich ebenfalls des Glückes, was Dir zu Theil wird. Nochmals Dein Dich innig liebender Carl.

Diese wenigen Worte an Deine Eltern.

Lieben Alten! Es freut mich, das seit überzeugt, daß der Herbst eures Lebens noch so lohnend ist; und ich kann nicht leugnen, ich mögte mit eig'nen Augen sehen, ob und wie Euch die Frucht nach langen harren einer guten Ernte gediehen. O ich kann es mir so innig so angenehm denken, wenn ich mir vorstelle, mit wie mancher ek'len Sorge der Sommer Eures Lebens dahin zog; wie innig wie angenehm Euch nun der Herbst mit seinen schönen Sommertagen umspielt. Und nun noch eilt Euch ein Mädchen, das Muster aller Weiblichkeit entgegen – um Euch aus den Herbst eures Lebens in den Winter hinüber zu geleiten; denn seit (sic!) überzeugt: Die wird Euch an glatten Wegen stützen, die wird Euch über Eis und Schnee weghelfen, daß der Lebens Winter Euch Sommertage fühlen läßt. Lebt Wohl! lebt wohl! recht wohl! der Himmel leite Gesund den Engel in Eure Mitte, der fähig ist, Euren guten Carl Glücklich zu machen, und Euch angenehm zu pflegen und zu Zerstreuen.

Ich kann Euch nur Glück wünschen, Sie erst in Eurer Mitte zu haben. Lebt nochmal Wohl! und seid gegrüßt von uns Allen. Sie bringt Euch jeden 3 Küsse von mir.

Euer C. Elleke.

Nun erhielt ich noch einen letzten Brief von Dorette aus Deutschland, wenige Tage vor Ihrer Abreise geschrieben: Bremerhafen (sic!) den 16 May 1855.

Mein lieber lieber Carl!

Heute Nachmittag sind wir in Bremerhafen angekommen, Elleke, Schlueter, und ich. Die Norma fährt nicht ab, und ich komme eben vom Bord der Eliese, Capt. Kloepper und habe meine Schlafstelle besehen. Wenn es geht, das der Wind günstig ist, fährt das Schiff in diesen Tagen unter Segel.[20]

In sechs Wochen mein Herzens Carl bin ich hoffentlich in Deinen Armen, und kann Dir Alles mündlich erzählen. Grüße die lieben Eltern und Albert herzlich von Elleke und mir. Vetter Elleke hat mich hierher gebracht, um zu sehen, daß ich glücklich fortkomme.

Viele herzliche Grüße und Küsse von Deiner Dorette.

Bayerisches Volksblatt, Regensburg, 3. März 1853, S. 228.
Digtale Sammlung Blazek

Am zwanzigsten May 1855 gingen Dorette und Schlüter unter Segel. Die reise war ohne besondere Unterbrechung zurückgelegt und dauerte sechs Wochen; Dorette war anfänglich viel Seekrank gewesen, hatte sich aber nach und nach erholt, und landete endlich Gesund und Wohlbehalten, an unserem großen Nationalen Festage (sic!), den Vierten July 1855; unter Kanonendonner und Glockengeläute in New York. Ich war nicht nach New York gereist, um Sie dort zu

---

[20] Die „Elise" war ein dreimastiges Schiff, der Auswanderer-Kapitän hieß August Klöpper (Bayerisches Volksblatt, Regensburg, 3. März 1853).

empfangen, denn Dorette hatte ja selbst geschrieben, daß ich ruhig in Chicago bleiben solle. Auch hatte Freund Heerlein geschrieben, das er für alles Nöthige auf das beste sorgen werde –.

Zufällig war aber letzterer Krank, und schickte deshalb seinen Freund –; doch Dorette kannte den Menschen nicht, und hatte daher kein Vertrauen zu ihm; und da der größeste Theil der Schiffspassagire nach dem Westen und nach Chicago reiste, und dieselben baten, Sie möge doch bei Ihnen bleiben, so blieb Sie dort, und reiste am nächsten Tage per Eisenbahn weiter –.

In New York hatte Sie gedacht, sie wolle nicht schreiben und uns in Chicago überraschen; allein unterweges war Sie doch bange geworden, uns nicht so leicht zu finden, und hatte daher von Dunkirk aus geschrieben welcher Brief, (beiläufig gesagt) fünf Tage nach Ihrer Ankunft erst in unsere Hände gelangte –.

Heerlein hatte jedoch sofort nach Dorettens Ankunft geschrieben, daß Sie am vierten July dort angekommen sei, und diesen Brief hatten wir am siebenten July morgens schon erhalten. So wußten wir denn daß Sie unterweges sein müsse, doch nicht, wann und wo sie ankommen würde. Wir gingen daher seiner Zeit, zu den verschiedenen Bahnhöfen, um Sie zu empfangen, doch vergebens,. Sie hatte sich durch ihre Reise=Gesellschaft bestimmen lassen, auch mit dem Emigrantenzuge zu fahren, weil Sie das Reisen hier zu Lande noch nicht kannte, und kam daher zu keiner bestimmten Zeit in Chicago an; und Alles was wir hier erfahren konnten, war, das jene Züge gewöhnlich gegen Abend jedes Tages ankämen.

So waren wir denn wieder auf unseren Posten gewesen, und waren wieder unverrichteter Sache zu Hause gegangen; jedoch mit der festen Ueberzeugung Morgen Abend muß Sie kommen –. Es war ja nach unserer Berechnung schon über die Zeit –.

Und wirklich wäre Sie auch an jenem Abende angekommen, wäre nicht etwas an der Locomative (sic!) zerbrochen worden. So hatte man aber letztere wieder in Stand gesetzt, wodurch ein ganzer Tag Aufenthalt entstanden war, und war dafür die ganze nächste Nacht durchgefahren; und so kamen Sie denn früh Morgens hier an, statt wie gewöhnlich, Abends.

An diesem Morgen nun, war ich ausnahmsweise früh ins Geschäft gegangen, weil es sehr Eilig war, und weil ich auch schon am Nachmittage wieder nach Hause wollte, um ja rechtzeitig auf dem Bahnhofe zu sein. Der Tag war drückend heiß, und langsam schlichen die Stunden dahin; Endlich ist es drei Uhr und ich schließe meinen „Shop" und gehe nach Hause.[21]

---

[21] Carl Wippo machte sich als Möbelhersteller Charles Wippo einen Namen im Chicago der 1850er und 1860er Jahre. Im „Chicago City Directory and Business Advertiser" von 1855 werden auf Seite 157 fehlerhaft genannt:
„Wippe Conrad, harnessmaker [Anm: harness maker = Sattler], 119 W. Madison
Wippo Charles, works Sternberg & Isador"
Alphabetisch weiter vorne, auf S. 137, heißt es zu den Fabrikanten, deren Produkte Wippo bearbeitete: „STERNBERG & ISIDOR, furniture, etc. 163 Lake and 195 Randolph". Sternberg & Isidor, dahinter steckten 1855 die Möbelfabrikanten Solomon Sternberg und Edward Isidor, die in Chicago 163 Lake und 195 Randolph Möbel herstellten. Mitarbeiter waren der

Als der Zug in die Nähe der Stadt gekommen war bereitete sich Dorette, so gut es eben im Eisenbahn=Wagon ging, auf den Empfang vor; und lugte von Zeit zu Zeit klopfenden Herzens aus dem Fenster, hoffend: Ihren Carl sofort zu sehen, sobald der Zug anhalten würde; denn Sie hatte ja geglaubt, daß es hier eben so sei wie in Deutschland, wo die Züge regelmäßig kommen und gehen, und Jedermann deren Abgang und Ankunft weiß. Hier war es aber damals nicht so; auch wußten wir ja nicht einmal, mit welcher Bahn Sie gereist war.

Man denke sich daher Ihr Erstaunen, und Ihre Enttäuschung, als Sie weder Ihren Carl noch sonst Jemand von uns fand –; Ein Thränenstrom machte ihren gepreßten Herzen luft –, Sie wußte nicht, was Sie davon denken sollte –. Ihre Reisegefährtin, und Freundinnen vom Schiff hatten Sie gebeten, doch ja nicht zu schnell sich vom Bahnhofe mit Ihrem Bräutigam zu entfernen damit Sie Ihn auch einmal sehen könnten – und nun – umstanden Sie Dorette schweigend, rath= und thatlos, Sie bedauernd und heimlich auch wohl fürchtend, der Bräutigam könne auch wohl ein Schelm sein –.

Schnitzer S. Zinshemner, der Schreiber (und spätere Lackierer) Henry Gammerdinger und der Schreiner H. Bieschmeyer.
Im „Illinois State Business Directory" (1860, S. 419) präsentierte als Familienbetrieb: „Wippo Conrad & Son, (Conrad & Charles,) furniture and harness [Möbel und Sattel], Chicago, Cool: Co. " Leicht verändert wird mit einem neuen Partner wurde das Geschäft im „Chicago city directory and business advertiser" (1863, S. 490) eingetragen:
„Wippo Charles, (C. Wippo & Co.,) h. cor. Tyler and S. Morgan.
Wippo C. & Co., (Charles Wippo and Edward Locke, furniture, 101 W. Madison. furniture and harness, Chicago, Cool: Co."
Der Kohlenhändler Edward Fitch West, am 22. April 1840 in Saratoga Springs, N. Y., geboren, wurde nach beruflichen Zwischenstationen in Louisville, Kentucky, und New York City, wieder in Louisville (Meyer Bros., tobacco and cigar merchants, als Handlungsreisender) und seiner Rückkehr nach Chicago als Buchhalter im Möbelgeschäft von Charles Wippo eingestellt. (History of Chicago, 1886, S. 389.)
In „Edwards Annual Directory, the City of Chicago" (1869-1870, S. 961) wird ausnahmsweise Dorette Wippo genannt (übersetzt):
„Wippo Charles (Charles Wippo & Co.), r. 101 W. Madison
Wippo Charles & Co. (Charles Wippo, Julius C. Goodhouse and Louis Ahsendorff), Möbelherstellung, 99 W. Madison
Wippo Conrad, Polsterer, r. 101 W. Madison
Wippo Dorette, Kammgarn und Stickereien, 101 W. Madison. r. daselbst".
Folgendes ist über die genannten Geschäftspartner bekannt: Julius C. Goodhouse wurde im Juli 1835 in Deutschland geboren. Mit seiner Ehefrau Catherine (* 1843) hatte er fünf Kinder. Die Familie lebte in Wisconsin. Louis Ahsendorff von der Firma Ahsendorff & Bonn, Händler von trockenen Lebensmitteln und anderen Waren, Wohnung an der Ecke Galena Avenue und Galena Straße, war gebürtiger Deutscher und wurde am 27. März 1827 in Preußen geboren. Er emigrierte 1849 nach Amerika und kam nach Westen, um in Galena in den Bleiminen zu arbeiten. 1852 ging er nach Freeport. Er öffnete eine Lackiererei und war danach Angestellter in einem Geschäft. Anschließend war er über 20 Jahre im kaufmännischen Geschäft tätig. Er hat das Amt des „Assistant Supervisors" bekleidet und die Interessen der Stadt vertreten. (The History of Stephenson County, Illinois, 1880, S. 612.)
In den „City Directories for Chicago, Illinois" steht 1873 nur noch: „Wippo, Charles, 99 West Madison", und im Jahr darauf weist das Chicago Daily Law Bulletin, Friday, August 28, 1874, auf einen Rechtsstreit mit einem Stuhlhersteller in Indianapolis hin: „51025 Indianapolis Chair Manfg Co v Chas Wippo. Asst $100). Holmes, Rioh & Nattys."

Die deutschen Emigranten=Wirthe hielten sich zu jener Zeit und auch wohl noch heutiges Tages Wagen womit Sie die ankommenden Einwanderer von den Bahnhöfen abholten, um Sie nach Ihren „Hotels" zu bringen. Einen solchen fragte Sie daher jetzt, ob er Sie nach No 119 W. Madison Str bringen wolle und auf dessen bejahung, stieg Sie in seinen Wagen statt Sie aber dorthin zu bringen, brachte er Sie nach State Str. in sein Hotel, doch das nahm Dorette gewaltig übel, und so muste Sie der Kutscher wieder zurückfahren, nachdem er erklärt hatte, Sie nicht nach W. Madison Str. fahren zu können. Während der Rückfahrt trafen Sie ein anderes deutsches Fuhrwerk, dessen Eigenthümer sich sogleich erbot Sie hinzufahren, wenn Sie so lange in einem Gasthause bleiben wolle, von wo er erst einen Herrn nach der Eisenbahn zu fahren habe. So fuhr Sie also mit nach der Nordseite nach der Schweitzer Heimath und erwartete dort die Rückkehr ihres Fuhrmannes; hier sah Sie auch die Zeitungen durch, um zu sehen, ob jener Brief, welchen Sie von Dunkirk aus an mich geschrieben, angekommen sei, oder nicht –.[22]

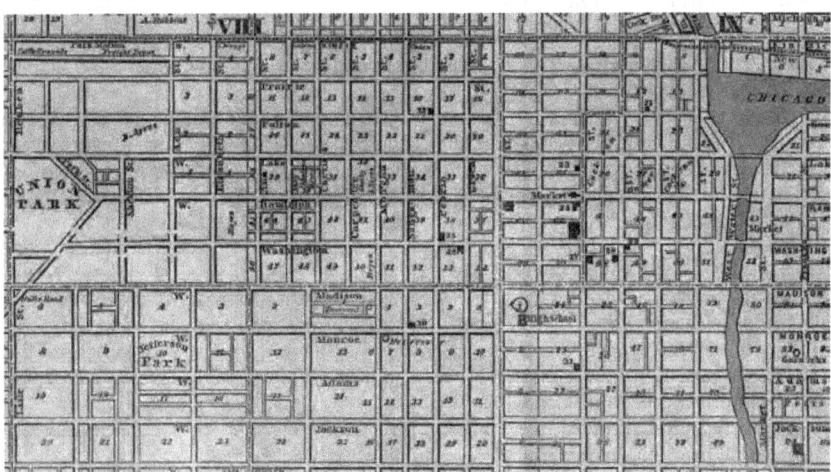

„Blanchard's Map Of Chicago. 1857." Ausschnitt aus einem Stadtplan von Rufus Blanchard, 52 La Salle Street, Chicago. In der unteren Bildhälfte weist die Abkürzung W. Madison auf die bedeutende West Madison Street hin, wo Carl Wippo mit seiner Familie lebte und auch arbeitete. Der Zusatz „West" signalisierte bei mehreren Straßen den Straßenverlauf westlich des Chicago Rivers. Eine 1847 errichtete Brücke ließ die Madison Street durchgehend verlaufen. Digitale Sammlung Blazek

Dorette hat mich oft nachher versichert, daß: hätte Sie den Brief in der Zeitung angezeigt gefunden, Sie mich nicht aufgesucht hätte, so aufgeregt sei Sie gewesen –.

Endlich kam der Wagen zurück, und Dorette u. Schlüter fuhren nun nach No 119 W. Madison Str. Als Vater den Wagen sieht und sieht Dorette und Schlüter aussteigen geht er vor die Thür. Dorette fragt nun: Wohnen hier Wippos? Vater antwortet: Sie haben hier gewohnt, sind aber gemooved. Wohin denn? In die

---

[22] Vor dem Großen Brand von Chicago 1871 war die West Madison Street ein Nobelbezirk, in dem betuchte „Chicagoans" in gut aussehenden Häusern mit Marmorfassaden lebten.

Country. Das ist ja sonderbar! –. Hier oben wohnen aber zwei Herrn aus Hildesheim, namens Gerstenberg & Westermann die haben die Order wenn Jemand von Deutschland käme so sollten Sie die hier so lange behalten, bis Sie an Wippo Order geschickt hätten. Nun, denn will ich hier so lange bleiben bis die zu Hause kommen. Mittlerweile war Mutter aus den Garten gekommen, und sah sich die Neu angekommenen an – Wo sind Sie denn her? fragte Sie. Von Hannover! Von Hannover?! ja, eigentlich von Celle, aber aus dem Königreich Hannover. Bist du denn – Dorette Meyer von der Müggenburg? Ja! –. Und in den Armen liegen sich beide und weinen vor Freude. Und Vater sagt: denn kommt nur herein, Wippos sind nicht gemooved; Ich habe mir nur einen kleinen Scherz erlaubt – Wäre ich eine halbe Stunde später in das Geschäft gegangen an diesem Morgen, so hätte uns Dorette beim Caffe überrascht. So aber war ich fort, und wegen der großen Hitze, (es war am elften July 55.) ließ man mich ruhig im Shop, da ich wie verabredet war, um drei Uhr Nachmittags zu Hause kommen wollte, und man mich alsdann überraschen wollte.

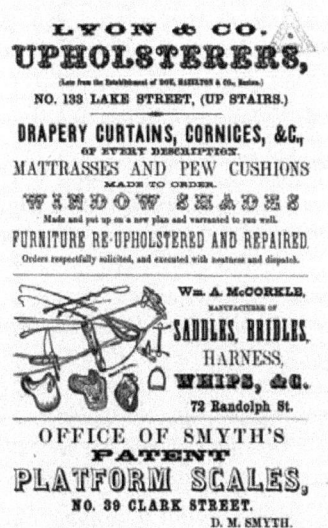

Anzeigen im Chicago City Directory and Business Advertiser, 1856. Digitale Sammlung Blazek

Als ich vor dem Hause bin, ruft Dorette: Da ist er! und schlüpft in's Nebenzimmer – Ohne etwas zu ahnen, trete ich ein. Doch da stellt sich mir Mutter entgegen und versucht, mich aufzuhalten, damit sich Dorette erst verstecken sollte – allein da wußte ich schon genug; ich schlüpfte an Ihr vorüber, öffnete die Thür, und sah dort Vater und einen mir unbekannten Menschen –, du bist Schlüter! – und im selben Moment bin ich auch schon im Nebenzimmer.

 Und halte Dich umschlungen,
 Nach der ich zehn Jahre gerungen –

Wie da die Augen leuchten, in hellem Freudenglanz,
Wie da die Herzen schlagen, so hochbeseeligt ganz;
Die Trennung [gestrichen: ist] war vergessen, mit ihrem bangen Wehn,
Wir fühlten nur die Wonne, des seel'gen Wiedersehn.

Wir hatten uns in sieben Jahren nicht gesehen, und gerade in diesen Jahren verändert sich der Mensch am meisten und doch fanden wir uns Gegenseitig so wieder, als die Phantasie uns unser Bild vorgeführt hatte.

Und nicht nur dieses, sondern es war uns Allen, als ob Dorette nur eine kleine Zeit abwesend gewesen sei; so heimisch war sie schon vor Ihrer Ankunft bei uns gewesen –. Auch Dorette theilte dieselben Gefühle, und war durchaus nicht fremd in unserm Kreise.

Wir hatten uns nun so vieles zu erzählen, denn in sieben Jahren hatten wir ja nichts voneinander erfahren aber der Abend war viel zu kurz, und der Fragen zu viele. Dorette verzieh mir denn auch, nachdem ich Ihr auseinander gesetzt, weshalb ich Sie nicht auf dem Bahnhofe empfangen.

Am nächsten Tage, als am zwölften July 1855, feierten Wir den frohen Tag unserer Ehelichen Verbindung. Die Trauung wurde in unserm Parlor im Hause No. 119 W. Madison Str. vollzogen. Die zeugen waren: Vater und Mutter, mein Bruder Albert, und Herr Carl Gerstenberg aus Hildesheim u. Jul. Ehrhardt. Am Abend spät brachte uns der „Freie Saengerbund" eine Serenade –

Mehr als einmal hörten Wir an jenem Tage sagen:

Ja, ja. Alte Liebe rostet nicht.

Am andern Morgen muste ich schon früh wieder in's Geschäft, indem meine Gegenwart für die nächsten Wochen im Geschäft dringend nöthig war; und kam erst Abends um sechs Uhr zu Hause. Es war dieses für uns beide eine harte Prüfung –. Zudem waren Wir nie Allein, indem Vater Mutter u. Albert und G. & W. in unserm kleinen Hause mit wohnten. Zwar bezogen G. & W. eine andere Wohnung um uns mehr Raum zu geben – aber nach kurzer Zeit kamen Sie wieder und baten zurückkommen zu dürfen, da Sie sich gern mit einem Zimmer begnügen würden; und so ließen Wir Sie denn wieder einziehen, uns gegenseitig einschränkend, um nur wieder bei einander zu sein und wie vorher so auch jetzt manche vergnügte Stunde mit einander verleben zu können –.[23]

Auch wohnte uns gegenüber ein Jurist namens Solomon Willson. Derselbe hatte gleich am Tage unserer Ankunft in No 119 W. Madison Street sich mit uns bekannt gemacht und hatte, da er gern Deutsch lernen wollte die Bekanntschaft fortgesetzt, so daß die innigste Freundschaft zwischen beiden Familien bestand und lange Jahre unausgesetzt fortbestanden hat; bis endlich der Tod meinen mir unvergeßlichen Freund Wilson in der Blüthe seiner Jahre hinraffte – er starb an der Zehrung in einem Bade in Macon Mihs. ausgangs 1866. Seine hochbetagte Mutter und intime Freundin meiner Mutter überlebte ihn noch um mehrere Jahre. Seine Frau habe ich nie wiedergesehen doch soll dieselbe im Osten noch leben.[24]

---

[23] Albert Wippo, 1835 geboren, blieb dem Möbelgeschäft auch weiterhin verhaftet. Im Jahr 1867 ließ er sich ein Werkzeug zur Montage von Rollen an die Füße von Möbeln patentieren (Letters Patent No. 72,436 vom 17. Dezember 1867, Zeugen: W. E. Marrs und L. L. Coburn). Albert Wippo heiratete eine Deutschstämmige, Caroline Thiel(e), am 25. September 1861 in St Clair, Illinois, mit der er vier Kinder hatte: William, der in Chicago zur Welt kam, Albert, August und Charles C. (Vgl. Espy Kuhbander, Rita; Espy, William George, The Espy-Espey Genealogy Book, Vol. 2, Gateway Press, Inc., Baltimore 1987, S. 174.) In den alten Einwohner- und Adressbüchern Chicagos wurde Albert Wippo nicht erfasst. 1880 wurde er indes im Einwohnerverzeichnis von Saint Louis, Independent City, Missouri, registriert.

[24] Über das Leben und Wirken von Solomon M. Wilson (1820-1867) berichtet die Amerikanische Genealogie-Bank „Farmer's Cabinet" vom 11. April 1867 (übersetzt): „Wir erwähnten vor kurzem den Tod des ehrenwerten Solomon M. Wilson aus Chicago, in Macon, Mississippi, am 11. Februar an Auszehrung nach einer langen, auszehrenden und langjährigen Krankheit. – Er kehrte 1850 nach Chicago zurück, arbeitete in der Rechtspflege und wurde von sei-

Wilson war ein fein gebildeter Americaner beherrschte die deutsche Sprache vollkommen, und war in Folge dessen gern in deutscher Gesellschaft und hatte sich auch in der Accordia Loge No 277 A. F. & A M. aufnehmen lassen. Viele viele male hat er seine Freundschaft gegen mich sowohl wie gegen uns Alle bewiesen und heute noch habe ich theure Andenken von Ihm. So verlebten Wir damals in einem verhältnismäßig kleinen Kreise vergnügte Stunden.

Foto von der Westseite des Wilson-Monuments auf dem Graceland-Cemetery. Foto: Robert Lerch

Doch erweiterte sich der Kreis unserer Bekannten und Freunde bald. Hier enden Carl Wippos Ausführungen unvermittelt.

Carl, Dorette und Conrad Wippo wurden untereinander in Edwards Annual Directory for the City of Chicago, 1869-1870, aufgeführt. Vgl. S. 100 f., Fußnote 21.

Carl Wippo als gewählter Vorsitzender bei einer Versammlung von Deutschen, die im Scammon School-Bezirk lebten. Illinois Staats-Zeitung, 22. Juni 1866. Digitale Sammlung Blazek

nen rechtlichen Mitstreitern sehr als fleißiger, fähiger und treuer Anwalt geschätzt. Die Bar von Chicago veranstaltete nach Erhalt der Todesnachricht ein Treffen. (...)"

Carl Wippo (1827-1898) und seine Ehefrau Dorette, geb. Meyer (1827-1876). Ölgemälde im Chicago History Museum. Abdruck mit freundlicher Genehmigung, Repro: Joseph Campbell

ibidem-Verlag
Melchiorstr. 15
D-70439 Stuttgart
info@ibidem-verlag.de

www.ibidem-verlag.de
www.ibidem.eu
www.edition-noema.de
www.autorenbetreuung.de

www.ingramcontent.com/pod-product-compliance
Lightning Source LLC
Chambersburg PA
CBHW071223160426
43196CB00012B/2398